文普
化华

PUHUA BOOKS

我们一起解决问题

采购与供应链管理本土实战丛书

采购 谈判

高效赢得谈判
的实战指南

姜 珏◎著

人民邮电出版社
北京

图书在版编目（CIP）数据

采购谈判：高效赢得谈判的实战指南 / 姜珏著. --
北京：人民邮电出版社，2021.2
（采购与供应链管理本土实战丛书）
ISBN 978-7-115-55433-8

Ⅰ. ①采… Ⅱ. ①姜… Ⅲ. ①商务谈判 Ⅳ.
①F715.4

中国版本图书馆CIP数据核字(2020)第236110号

内 容 提 要

谈判是采购从业者的必备技能，因为不管是采购产品还是采购服务，都要通过谈判明确价格和其他的交易条件。那么，采购人员必须掌握的谈判常识和方法有哪些？如何根据不同的环境和需求选择合适的谈判策略？如何在谈判中最大限度地维护己方的利益，得到最有利于己方的谈判结果？本书将一一解答这些问题。

本书共分为四篇，入门篇介绍了采购谈判的概念、结果、步骤、对手类型及商务礼仪等，分析了经济环境变化给采购谈判带来的挑战；进阶篇介绍了采购谈判之术，即谈判高手的心理建设和战术方法；实战篇收录了37个具有代表性的采购谈判案例并加以点评；延伸篇总结了在采购谈判中常见的36个误区。另外，本书还提炼出了一个采购谈判知识轮盘，以便读者掌握采购谈判的知识框架。

本书适合所有采购人员和参与采购谈判的人员阅读，也可以作为采购相关专业师生的参考读物。

◆ 著 姜 珏
　　责任编辑 陈 宏
　　责任印制 彭志环

◆ 人民邮电出版社出版发行　　　　　　北京市丰台区成寿寺路 11 号
　　邮编 100164　　电子邮件 315@ptpress.com.cn
　　网址 https://www.ptpress.com.cn
　　北京虎彩文化传播有限公司印刷

◆ 开本：700×1000　1/16
　　印张：13.5　　　　　　　　　　　2021 年 2 月第 1 版
　　字数：160 千字　　　　　　　　　2025 年 4 月北京第 18 次印刷

定 价：59.80 元
读者服务热线：（010）81055656　印装质量热线：（010）81055316
反盗版热线：（010）81055315

序一

从人际沟通的角度来说，谈判是一门处事的艺术；从采购实战的角度来说，谈判是一项不可或缺的技能。

采购方的采购人员与供应方的销售人员身处博弈棋局的两端，他们在合作过程中的角斗永远都处于胶着状态，不仅要在信息不对称下相互追赶，更要最大限度地寻求最优牌面，从而为己方博取最大利益。无论最终的结果是单赢还是双赢，这个不断博弈的过程一定是充满智慧的。

正如《采购谈判：高效赢得谈判的实战指南》一书所点明的，如果不会谈判，就不是专业的采购人。乍一听，这句话好像过于绝对了，但是，对大多数资深的采购人员来说，这句话确实是很有道理的，他们经历了太多与供应商的斗智斗勇，他们身上发生了太多与采购谈判相关的鲜活故事。

姜珏老师继《我在 500 强企业做采购：资深采购经理手把手领你入行》之后，带来了这本兼顾理论与实践案例的新书。对采购领域的初学者和采购行业的入门者来说，书中来源于采购一线工作的众多案例充满了趣味性和实用性。对资深的采购从业者来说，这本书可以进一步强化他们对采购谈判的理性认识，帮助他们形成更加全面的谈判能力，给他们在业绩提升和职业发展上带来非常大的好处。因此，我把这本书推荐给所有对采购谈判感兴趣及需要参与采购谈判的读者。

麦盟咨询 CEO

李长霞

序二

谈判影响着人们的工作和生活，但很多人并没有意识到它的重要性。

一说起谈判，很多人立即就会联想到一些经典的场景，例如，长桌两端坐着西装革履的谈判者，两方针锋相对，整个过程像辩论赛一样精彩；《三国演义》所描述的诸葛亮只身过江，在江东舌战群儒，最终促成孙刘联盟。

不过，这些场景只发生在大型的国际谈判或者文学和影视作品中，大多数人亲历的谈判往往是毫不起眼的。

例如：

小孩子为了逼迫父母买棒棒糖而满地打滚；

大学应届毕业生四处搜集资料，准备人生的第一次面试；

创业者与投资人针对融资条件讨价还价；

......

实际上，当你需要说服别人按照自己的意愿行事时，你就已经开始谈判了。

姜珏老师所著的《采购谈判：高效赢得谈判的实战指南》明白地告诉大

家，像谈判这么重要的技能是可以通过学习和训练习得的。本书循序渐进地介绍了谈判的理论框架、谈判心理学、谈判的战术方法和常见的谈判误区，并提供了大量的实战案例和实用的技巧、经验，这是一本人人都能读得懂的实战指南。

我非常高兴看到这本脚踏实地的著作出版，同时也开始担心一件事：大量专业的销售人员读过此书之后，一定会掌握采购人员的谈判心理，令采购人员面临更大的挑战。

我之所以有这样的担心，是因为这本书不仅适合采购人员阅读，也适合采购人员的谈判对手——销售人员阅读，甚至适合所有对谈判感兴趣的人阅读。在此，我郑重地把这本书推荐给打开这本书的所有读者，相信您读完之后一定会有很大的收获！

创鑫激光集团运营副总裁

安屹

序三

谈判是所有人的必修课!

提到谈判,我在第一时间想到的著名人物是战国时代的苏秦和张仪。

苏秦和张仪都是战国后期有名的纵横家。用现在的话说,这两个人都是著名的政治家、外交家和社会活动家,他们既不需要亲自上战场杀敌,也不需要下地耕种。用老百姓的话说,他们都是靠耍嘴皮子吃饭的人。

然而,就是这两个文弱书生,以超人的智慧和诡谲的计谋,凭着三寸不烂之舌,穿梭于列国,弄得时局风云变幻、惊涛骇浪。他们的纵横捭阖深刻地影响着战国后期群雄之间兼并战争的形势,其观点和思想对后世王朝也产生了深远的影响。

"以三寸舌为王者师"是古人的梦想,把它映射到当今的采购经理人身上,则意味着采购经理人需要通过高超的谈判策略构建独有的"商业心理格局",为公司选择最合适的供应商,避免在商务合作中陷入被动局面。正因为如此,在日常工作中如何与"卖产品、卖品牌、卖愿景"的销售人员打交道就成了很多采购经理人的必修课。

用友采购云资深外聘讲师、资深采购经理人——姜珏老师的新作《采购谈判：高效赢得谈判的实战指南》的出版恰逢其时，因为这是一部只有多年从事采购谈判工作并拥有丰富教学经验的人才能创作出来的佳作。

在这本书中，姜珏老师完全从采购经理人的需求出发，将采购谈判之道与采购谈判之术通过一个个鲜活的工作案例串联起来。全书读起来轻松且引人入胜，有很多方法都可以直接运用到工作中，相信采购从业人员开卷即可获益。故此，我向大家强烈推荐此书！

用友网络采购云事业部总经理

骆英豪

前言

提到谈判，很多采购人员都会很感兴趣。

这是因为，**采购工作与谈判密切相关**，我们采购任何产品或服务都要通过谈判来完成。

但是，据我观察，大部分采购人员对谈判的认识只是停留在**"再降几个点"** 这种非常浅显的层次上，**对谈判这门学问缺乏足够的了解，没有接受过系统且专业的训练**。他们原本可以通过谈判为自己服务的企业争得更多的利益，但屡屡错失良机，没能将己方利益最大化。这导致他们夹在本企业和供应商之间，承受着双重压力，工作举步维艰，生存状态堪忧。

市场上虽然有各种各样的谈判类图书，但**很少有哪本书会完全从采购人员的视角出发**，直击采购谈判的痛点，通过系统地介绍理论知识与实战案例，手把手地指导采购人员成长为谈判高手。

我对采购谈判的论述始于我的前一本书《我在 500 强企业做采购：资深采购经理手把手领你入行》。在这本书中，我提到了竞争性谈判这个概念，并详细讲解了竞争性谈判的 10 条经典战术。在多场线上、线下的采购谈判培训中，很多学员向我反馈，这正是**在存量经济环境下帮助采购人员高效赢得谈判的实用战术**。

于是，我在竞争性谈判相关内容的基础上进行了拓展，增加了谈判高手的 10 种心智模式，收集了 37 个具有代表性的采购谈判实战案例，总结了 36 个常见的采购谈判误区，最终完成了这本书的创作。

本书可以帮助采购人员认识到谈判是一门学问，从理论知识和实战案例中吸取营养，学到能够有效应对各种情况的谈判方法，包括**最容易让采购人员一筹莫展的情况——与客户指定供应商谈判，与获得渠道保护的代理商谈判以及与内部利益相关方谈判**。

本书共分为四篇。第一篇是**入门篇**，本篇介绍了采购谈判的基础知识，包括采购谈判的概念、结果、步骤、对手类型及相应的商务礼仪等；分析了宏观经济环境的变化给采购谈判带来的挑战；阐述了人人都能成为谈判高手的道理。本篇介绍的内容可以帮助读者较为全面地了解谈判这门学问。

第二篇是**进阶篇**，本篇介绍了采购谈判之术，即谈判高手的心智模式和战术方法。本篇介绍的内容可以帮助读者进一步学习专业且实用的采购谈判理论知识，为赢得每一场谈判打好基础。

第三篇是**实战篇**，本篇介绍了 37 个具有代表性的采购谈判实战案例并加以点评，读者可以借鉴和参考案例中的方法和技巧，切实地解决实际问题。

第四篇是**延伸篇**，本篇介绍了 36 个常见的采购谈判误区，读者可以经常翻阅这部分内容，提醒自己避免犯同样的错误。

我将全书的内容要点总结为如下的采购谈判知识轮盘。

本书还解答了**采购人员普遍关心的与谈判相关的 39 个问题**，它们分别是：

（1）学习谈判能给我带来哪些收益？

（2）谈判之后会产生哪些不同的结果？

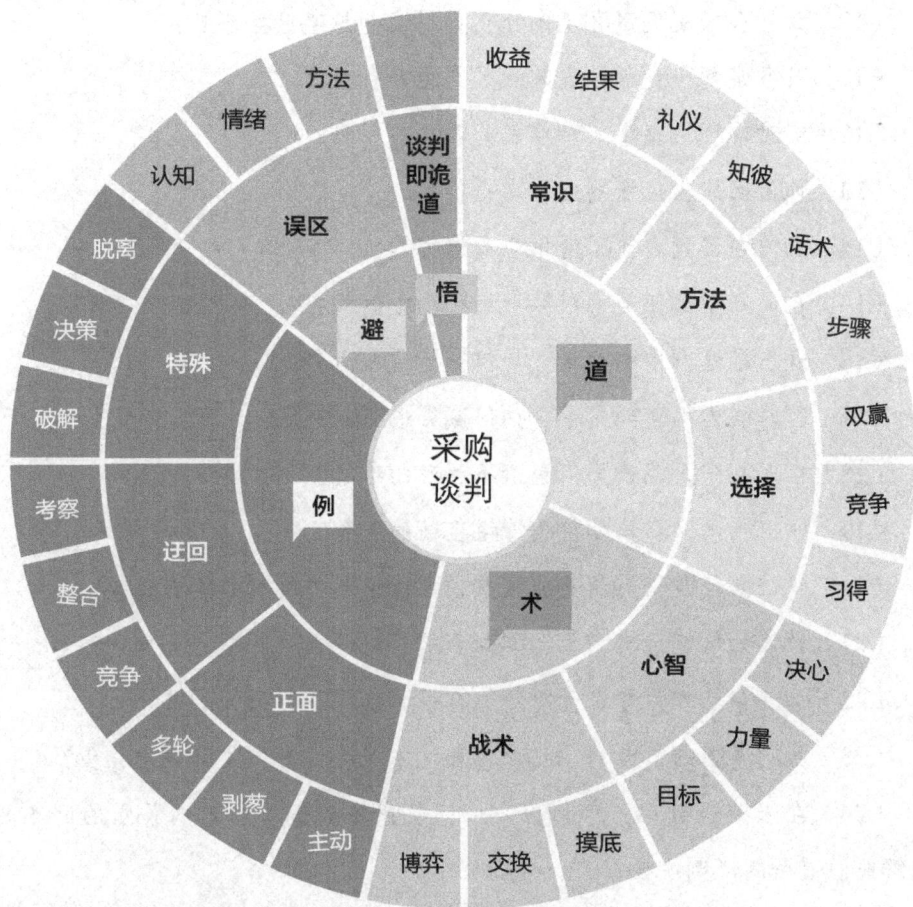

采购谈判知识轮盘

（3）在谈判中，我应该如何保持商务礼仪？

（4）供应商的销售人员在谈判中惯用的手段有哪些？

（5）如何破解销售人员的谈判手段？

（6）在谈判中如何通过提问占据主动？

（7）如何对比谈判双方的力量？

（8）如何为一场成功的谈判做准备？

（9）为什么谈判正在变得越来越艰难？

（10）为什么宏观经济环境的变化会对谈判策略产生影响？

（11）双赢谈判与竞争性谈判的区别在哪里？

（12）经过培训，每个人都能成为谈判高手吗？

（13）如何回应供应商的第一次报价？

（14）如何在谈判之前了解供应商的方案？

（15）在谈判中如何最大限度地维护己方的利益？

（16）什么是谈判中的力量？如何获得这些力量？

（17）面对强大的谈判对手，如何赢得最终的胜利？

（18）在谈判中，我该如何澄清不明确的信息？

（19）在谈判中，我该如何摸清供应商的底牌？

（20）我该如何与供应商交换利益，并保证己方的利益没有受损？

（21）我该如何营造有利于己方的氛围，以便在谈判中占据主动？

（22）如何在己方力量占优时趁热打铁，以便获得最大利益？

（23）面对难缠的供应商，我如何表现才能迫使对方主动做出让步？

（24）在采购谈判中，如何恰当地回答供应商销售人员所关心的问题并破解他们惯用的谈判手段？

（25）在采购谈判中，应该在何时提出什么样的有利条件？

（26）在采购谈判中，能帮助己方实现持续降本的方法有哪些？

（27）在采购谈判中，有哪些容易被忽略但能给己方带来利益的因素？

（28）如何借助领导的力量迫使供应商进一步降价？

（29）进行多轮谈判时应该注意什么？

（30）在谈判中，当己方处于劣势时应该如何"造势"，以便重新占据主动？

（31）在谈判中应该使用何种方法快速整合资源、取得降本业绩？

（32）在实地考察供应商时应该留意哪些信息，以便在谈判中占据主动？

（33）在谈判中如何削弱受到渠道保护的供应商的力量？

（34）在谈判中如何削弱客户指定供应商的力量？

（35）当内部利益相关方施压时应该如何巧妙地沟通，以便获得理解，最终赢得谈判？

（36）在谈判中发现供应商有欺诈行为时应该怎么做？

（37）哪些因素在阻止采购人员通过谈判获得最大利益？如何规避？

（38）采购人员常常对谈判有哪些错误的认知？

（39）常见的错误的谈判方法有哪些？

我希望这本书能够成为**照亮大家前进道路的灯火，引领每一位采购人员成长为谈判高手**。我期盼本书能够帮助每一位读者在大大小小的谈判中取得最好的结果。我祝愿习得强大谈判技能的你从茫茫人海中脱颖而出，从此变得与众不同！

姜珏

2020 年 10 月 28 日于北京

目录

进阶篇
采购谈判之术

实战篇

采购谈判实战案例

延伸篇

避免主观错误

采购谈判之道

谈判无处不在。

无论是在工作中还是在生活中，只要有利益交换，就会有谈判。小到询价、招标，大到企业并购，都需要通过谈判来完成。

采购这一职业的特殊性在很大程度上体现为：在工作中需要进行大量的谈判，既包括与外部供应商的谈判，也包括与内部利益相关方的谈判。

真正学会谈判之后，你就会明白，一个人的发展不仅要靠勤勉，也要靠谈判。 采购人员通过谈判为公司获取最大利益，就更容易获得领导和同事的认可，从而快速晋升，获得更大的回报。

本篇将介绍采购谈判的常识，梳理采购谈判的方法，分析不同经济环境下谈判战略的选择，并通过一则生动的小故事说明人人都可以通过系统的学习和训练在较短的时间内成长为谈判高手。

第1章　采购谈判的常识

本章将介绍采购谈判的入门知识，包括谈判的收益、谈判的结果和谈判的商务礼仪，引领采购人员踏上通往谈判高手之路。

本章将解答采购人员普遍关心的下列问题：

- 学习谈判能给我带来哪些收益？
- 谈判之后会产生哪些不同的结果？
- 在谈判中，我应该如何保持商务礼仪？

什么是采购谈判

一千个人眼中有一千个哈姆雷特。不同的人对同一事物的看法和解读很可能是不相同的。

同样的道理，每一个人眼中的谈判也不一样。有的人认为谈判很容易，张口就能谈，谈成就是胜利；有的人认为谈判很难，不知道怎么谈，甚至怀疑自己生来就不适合谈判。很显然，这些看法都有些偏颇。因此，我们需要了解什么是谈判、什么是采购谈判、采购谈判涵盖了哪些工作以及采购人员学好谈判可以获得哪些收益。

广义的谈判是指各种形式的交涉、磋商和洽谈。

狭义的谈判是指人们为了改善彼此之间的关系而相互协调和沟通，以期在某些方面达成共识的行为和过程。

其中，"谈"是指谈论、对话，"判"是指评定、评判。

本书对**采购谈判的定义**是：采购人员代表甲方与外部供应商谈判，以期将甲方的利益最大化；采购人员与内部利益相关方谈判，以便获得内部的最大支持。

采购谈判的工作内容包括谈判前的分析和准备、谈判中的战术运用以及谈判后的跟进和总结，甚至包括多轮谈判的起承转合。

谈判之于采购，就如同水之于鱼。**采购人员通过谈判赚回来的每一分钱都是企业的净利，同时也是自己的业绩**。在与供应商的博弈中，当其他部门如物流部、质量部甚至研发部败下阵来时，公司往往期望采购部能够力挽狂澜。

很多人将谈判视为采购人员的绝技。如果不会谈判，就不是专业的采购人员，这就是人们对采购这一岗位和职业的普遍认知。

谈判既是采购人员的必备技能，也是采购人员的职业特征。因此，采购人员必须学会谈判、善于谈判。

对采购人员来说，学好谈判可以获得以下收益：

（1）充分展现专业形象，提升专业能力；

（2）高效地创造降本业绩；

（3）从人群中脱颖而出，在职场中获得更大的发展。

采购谈判的四种结果

对谈判双方来说，谈判成功的前提条件是双方能够达成一致。也就是说，在谈判中，任何一方都有权因对结果不满意而退出谈判，这会让谈判产生不同的结果。

如果将采购方和供应商作为一个维度，将赢和输作为另外一个维度，我们就可以划分出四个象限，这个四个象限分别代表不同的谈判结果，如图1-1所示。

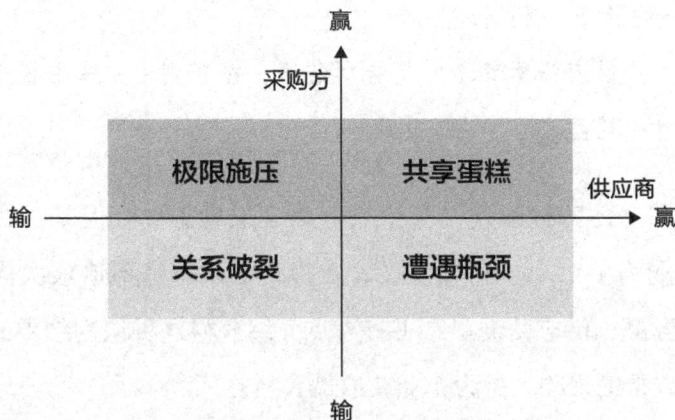

图 1-1　采购谈判的四种结果

下面分别解析图 1-1 中的四种谈判结果。

（1）双赢——共享蛋糕

采购方和供应商在谈判中通过利益交换各取所需，共享发展机会。通常来说，在增量经济环境下容易出现双赢的谈判结果。

（2）采购方赢、供应商输——极限施压

这里的输并不是指供应商亏损。供应商与采购方合作的唯一目的是赚取利润，因此供应商不可能接受给自己带来亏损的谈判结果。这里的输是指采购方通过谈判剥夺了供应商获取超额利润的机会，最大限度地压缩了供应商的利润空间。通常来说，在存量经济环境下容易出现这种谈判结果。

（3）双输——关系破裂

如果谈判破裂，那么双方将无法达成交易。谈判破裂是谈判双方对问题认识不清、估计不足的表现，这是谈判双方都应当避免的谈判结果。

（4）采购方输、供应商赢——遭遇瓶颈

这种谈判结果在下列两种情况下容易出现：

- 供应商早期介入，后来成为独家供应商，从而拿走了通过设计优化节省下来的大部分利润；
- 采购方被供应商所营造的情势所蒙蔽，在谈判中一味妥协退让，丧失了应得的利益。

显然，在上述四种谈判结果中，双赢是最理想的。但是，在存量经济环境下，企业为了谋求生存和发展，在很多时候不得不追求次优的谈判结果——采购方赢、供应商输。本书将重点介绍获得这种谈判结果的策略、方法和技巧，以帮助采购人员为企业获取最大利益。

在此强调一点，在采购方赢、供应商输这种谈判结果下，谈判双方仍然实现了某种程度的双赢。既然供应商没有退出谈判，并且最终答应了采购方提出的条件，就说明这个谈判结果仍然在供应商的接受范围之内，也给供应商带来了某些利益，只不过采购方提出的条件可能已经触碰了供应商的谈判底线，令供应商感到非常难受，而且供应商必须拿出令采购方满意的条件来交换自己想要的利益。

采购谈判的商务礼仪

我国自古就以礼仪之邦闻名于世。古人云："礼义廉耻，国之四维，四维不张，国乃灭亡。"

在采购谈判中，双方都要遵守恰当的商务礼仪。

（1）谈判准备

采购方在谈判之前要确定供应商谈判代表的身份和职务，以便安排相应职级的人员参与谈判。在正式开始谈判之前，采购人员应该**整理好自己的仪容**，穿着要整洁、庄重。男士应刮净胡须，穿西服时应打领带。女士穿着应端庄，不宜穿细高跟鞋，应化淡妆。

（2）谈判之初

采购人员的言谈举止要自然大方。因为第一印象十分重要，所以在刚见面和互相介绍时，采购人员应当对供应商谈判代表表达适当的关心，例如，询问对方交通状况、返程安排或者聊聊天气等。采购人员要多使用"幸会""非常欢迎""十分感谢"之类的礼貌用语。询问对方姓名时要客气，如"请问贵姓"。交换名片时要双手接递，以示尊重。相互介绍完毕后，采购人员可选择双方都感兴趣的时事话题进行简短交流，以创造和谐的气氛，并了解对方的价值观。

在谈判之初，谈判人员的姿态、动作会对谈判气氛产生重要的影响。**采购人员在讲话时应注视对方，视线应停留于对方双眼至前额的三角区域，这会使对方感到被关注，觉得注视者诚恳严肃。**

谈判之初的重要任务是摸清对方的底牌，因此采购人员要认真听对方的谈话，细心观察对方的举止、表情并适当地予以回应，这样既可以了解对方的意图，又可以表现出尊重与礼貌。

（3）谈判之中

这是谈判的实质阶段，采购人员的主要任务是讨论价格、商议合同条款、解决矛盾及处理冷场。采购人员要事先准备好相关问题，态度要诚恳，在原则性问题上必须据理力争，但**切忌因情绪过于激动而进行人身攻击或侮辱对方**。如果谈判陷入僵局，双方都无话可说，则应当机立断，暂时中止谈判，稍作休息后再继续进行。

（4）谈判之后

采购人员应与供应商谈判代表握手道别，主动帮助对方安排车辆或帮忙约车，并陪同对方至上车地点，最后挥手致意并目送车辆离开。

谈判结束后，采购人员要整理好会议纪要，锁定谈判成果。切忌交由供应商整理会议纪要，否则对方可能会按照对自己最有利的结果做记录，削减甲方所得利益。

谈判结果要符合 SMART 原则（见图 1-2），即谈判结果应该是具体的（Specific）、可衡量的（Measurable）、可达到的（Attainable）、与其他目标具有一定的相关性（Relevant）、有时限的（Time-based）。

Specific	Measurable	Attainable	Relevant	Time-based
具体的	可衡量的	可达到的	相关性	有时限的

图 1-2　SMART 原则

最后总结一下采购谈判商务礼仪的要点，如表 1-1 所示。

表 1-1　采购谈判商务礼仪的要点

阶段	要点
谈判准备	明确对方的身份 整理好仪容
谈判之初	礼貌问候 注视对方 了解对方的意图

（续表）

阶段	要点
谈判之中	开诚布公 控制情绪 适时中止
谈判之后	礼貌地道别 整理好会议纪要

第 2 章　采购谈判的方法

本章将介绍采购谈判的入门方法，具体内容包括销售人员惯用的谈判方法和手段，如何使用卡拉杰克模型识破供应商的伪装，在谈判中常用的话术和双方力量的对比，以及成功谈判的七个步骤。这些内容可以让采购人员认识到谈判是一门学问，只有不断地积累知识才能提升谈判能力。

本章将解答采购人员普遍关心的下列问题：

- 供应商的销售人员在谈判中惯用的手段有哪些？
- 如何破解销售人员的谈判手段？
- 在谈判中如何通过提问占据主动？
- 如何对比谈判双方的力量？
- 如何为一场成功的谈判做准备？

供应商的销售人员惯用的谈判方法和手段

很多企业的老板都在抱怨采购人员的谈判能力不够强，与此同时，很多采购人员也在抱怨自己得不到强有力的支持。

在现实中，**当采购人员与供应商的销售人员谈判时，双方背后的力量往往是完全不对等的。**

供应商的**销售人员往往能够获得整个公司的支持**，如授权、信息和其他资源，并且有能力将各个部门的力量整合起来，让其他部门和人员听从自己的号令，以便在谈判中占据主动地位；而**采购人员往往需要与内部的其他部门和人员抗争**，如游说研发、生产、质量和物流等部门及其员工，这样才能获得有限的资源。

同时，**谈判的两家公司针对销售人员和采购人员的激励政策也不一样**。销售人员的薪资结构一般是底薪加提成，这意味着销售人员在谈判中有足够强大的动力为公司争取最大利益；而采购人员的薪资结构一般是月薪加奖金，奖金的额度往往与谈判结果并不直接挂钩。因此，在采购谈判中，供应商的销售人员和采购人员所表现出的状态常常不太相同，销售人员一般会更加积极主动。

我们再来看一个参考数据，美国劳工部 2018 年的统计数据表明，**公司在销售人员身上的年均培训经费支出是采购人员的 10 倍**。虽然这个数据并不能反映国内企业的情况，但很多国内企业也存在类似的现象。我对此深有体会：大部分企业的销售人员常常会接受各种培训，除了谈判，还有营销技巧、情商管理、商务礼仪等；而在邀请我做采购谈判培训的企业中，绝大多数企业都是第一次给采购人员做谈判培训。可想而知，在每天都会发生的众多采购谈判中，谈判双方人员的能力差距往往是很大的。

在这种情况下，公司指望采购人员在与供应商的谈判中获取最大利益就成了水中望月，往往是不切实际的。

这一点也常常体现在采购人员的抱怨声中。

"供应商是独家，谈不了！"

"供应商是专家，谈不动！"

"供应商对我司不感兴趣！"

这些都是采购人员被供应商故意营造的情势所蒙蔽，失去自信心与判断力的典型表现。试想，如果供应商真的对你们公司的业务不感兴趣，为什么还要来参加谈判呢？

知己知彼，百战不殆。要想在谈判中战胜已经"武装到牙齿"的销售人员，采购人员就必须了解他们在谈判中惯用的方法是什么。

我们可以用一句话进行总结：**销售人员在谈判中惯用的方法就是增加自己的影响力**，目的是影响对方对双方力量的判断。

具体来说，销售人员在谈判中惯用的手段有以下 10 种：

（1）赠送礼物，建立信任；

（2）嘘寒问暖，建立关系；

（3）营造稀缺感，例如，声称产能紧张、原材料价格上涨、目前的折扣到本月底就会失效等；

（4）表现得丝毫不急于成交；

（5）观察谈判对手的肢体语言，确认成交的可能性，选择最佳的成交时机；

（6）主动做出小的让步以换取采购人员更大的让步或直接达成交易；

（7）在第一次报价时留出降三次价的余地；

（8）通过技术交流等方式从采购方的某些部门获取信息，提前探知其底线；

（9）明示或暗示自己与采购方某位高层关系很好，例如，声称自己之前曾与其在某公司共事；

（10）夸大品牌价值，例如，声称只要使用其产品，就能赢得更多的客户。

对于上述 10 种手段，采购人员是不是觉得似曾相识呢？我相信很多人的答案是肯定的。

那么，问题来了：面对销售人员惯用的谈判方法和手段，采购人员应该如何破解呢？

这正是本书的主题，答案将在后续的章节中通过各种实用的谈判战术和实战案例——揭晓。

巧用卡拉杰克模型识别供应商的类型

卡拉杰克模型根据采购支出及品类的重要性和供应市场复杂度将品类分为四种类型，即杠杆型、战略型、瓶颈型和非关键型。其中，杠杆型是指支出高、供应商众多的品类，如钢材、塑料颗粒等；战略型是指支出高、供应商稀缺的品类，如芯片、控制单元等；瓶颈型是指支出低、供应商稀缺的品类，如特制的电阻、电容等；非关键型是指支出低、供应商众多的品类，如文具、劳保用品等（见图 2-1）。

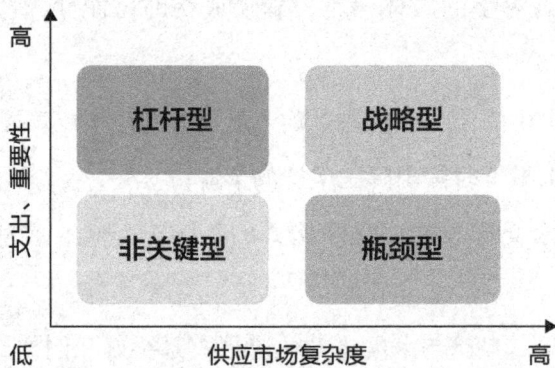

图 2-1　卡拉杰克模型

对应于上述品类，供应商也可以分为杠杆型、战略型、瓶颈型和非关键型。显而易见，当采购方与不同类型的供应商谈判时，双方的地位是不同的，如表 2-1 所示。

表 2-1　谈判双方地位对比表

供应商类型	采购方地位	供应商地位
杠杆型	优势	劣势
战略型	依赖	依赖
瓶颈型	劣势	优势
非关键型	一般	一般

基于卡拉杰克模型，供应商在谈判中常常会进行某种程度的伪装，一般体现为下列三种情况。

（1）从"杠杆"到"战略"（见图 2-2）

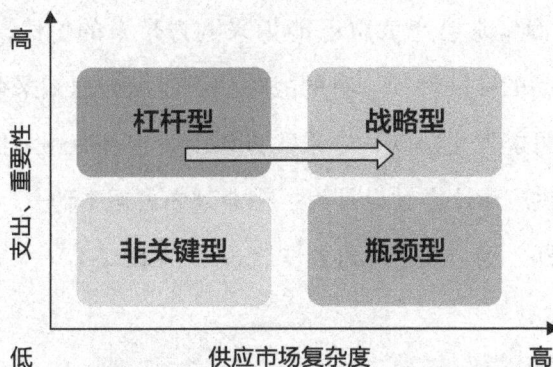

图 2-2　从"杠杆"到"战略"

由于采购方在谈判中居于优势地位，杠杆型供应商常常会夸大自己的某些优势。有些杠杆型供应商声称自己在材料紧缺时可以通过特殊的渠道获得材料，保障供应。有些杠杆型供应商强调自己有能力帮助采购方做降本项目，令采购方误以为供应商拥有某种独特的优势，对其产生依赖感，进而将其归为战略型供应商，而实际情况是其他的很多供应商都具备这种能力，只是这家供应商善于自我宣传而已。供应商这样做主要是为了在谈判中占据更有利的位置。

（2）从"战略"到"瓶颈"（见图2-3）

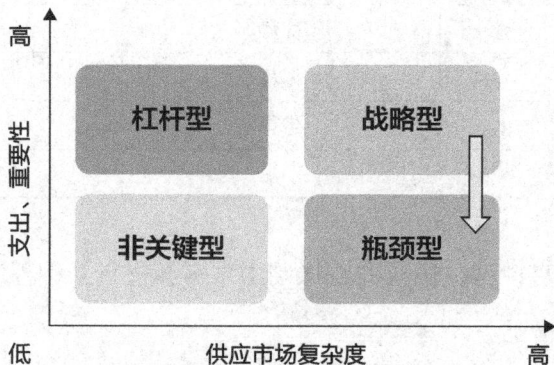

图2-3 从"战略"到"瓶颈"

战略型供应商常常会夸大自己能为采购方带来的价值，如品牌的影响力、专业性和产品的稀缺性等。有的战略型供应商会通知采购人员，如果不提前订料，就很可能发生短缺，令采购方误以为它是瓶颈型供应商，从而增加对它的依赖。供应商这样做也是为了在谈判中占据主动。

（3）从"杠杆"到"战略"再到"瓶颈"（见图2-4）

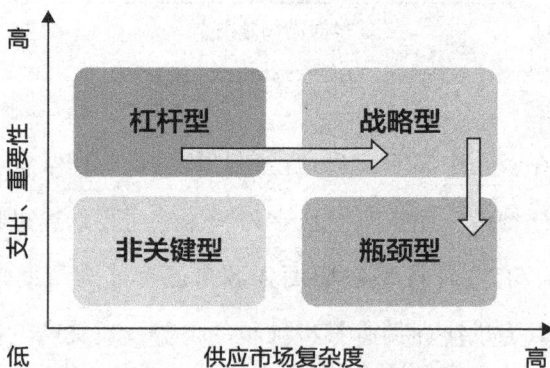

图2-4 从"杠杆"到"战略"再到"瓶颈"

有些杠杆型供应商首先把自己伪装成战略型供应商，令采购方信以为真，之后再将自己进一步伪装成瓶颈型供应商，以期在谈判中占据绝对主动。

非关键型供应商和瓶颈型供应商对采购方的依赖性不强，因此这两类供应商一般不会做上述伪装，即便做了伪装，影响也比较小。

在谈判之前，采购人员一定要运用卡拉杰克模型识别供应商的类型，明确双方的真实地位，看穿供应商的伪装，使用恰当的战术在谈判中取得最优的结果。

如何在采购谈判中占据主动地位

提问这种方法看起来非常简单，但可以有效地帮助采购人员在谈判中快速地占据主动。

例如，采购人员可以向供应商提出表 2-2 所示的六个问题。

表 2-2　帮助采购人员在谈判中快速占据主动的六个问题

序号	问题
1	这个项目占你们公司销售额的百分之多少？
2	加上这个新项目，我司的采购额在你们公司的客户中排第几名？
3	你们公司的产能情况如何？
4	如果马上签合同，你们希望什么时候拿到订单？
5	你们公司在我司其他事业部有业务吗？
6	你们公司会用这个业务做行业的敲门砖吗？

下面逐一解析表 2-2 中的六个问题。

（1）这个项目占你们公司销售额的百分之多少？

如果占比较高，如 10% 以上，采购人员就能在谈判中占据优势。当然，即使占比较低，采购人员也不能丧失信心。

（2）加上这个新项目，我司的采购额在你们公司的客户中排第几名？

如果对方是大型供应商，那么采购方能排进前十名就很不错了；如果能排进前五名，就可以在谈判中占据绝对主动。

（3）你们公司的产能情况如何？

如果产能利用率高于 85%，采购人员就要小心了，供应商很可能发生产能不足的情况；如果产能利用率低于 60%，采购人员就可以把价格砍到最低。

（4）如果马上签合同，你们希望什么时候拿到订单？

采购人员问这个问题是为了打探供应商的财务状况。如果对方希望尽快，就说明供应商的财务状况不太好，采购人员可以继续砍价。

（5）你们公司在我司其他事业部有业务吗？

如果对方说有，那么采购人员可以尝试以全公司的名义再次砍价。

（6）你们公司会用这个业务做行业的敲门砖吗？

如果对方的回答是肯定的，那么采购人员可以再次砍价。

另外，在谈判中，采购人员要知道自己在什么情况下居于有利地位。一般来说，采购方在下列六种情况下占据有利地位：

（1）供应商产能过剩；

（2）供应商需要这个业务做敲门砖；

（3）采购方有备选的供应商；

（4）采购量大；

（5）采购方有能力自制欲采购的产品；

（6）供应商渴望销售额快速增长。

当然，供应商有时也会在谈判中居于有利地位，令采购人员有所顾忌。一般来说，供应商在下列六种情况下占据有利地位：

（1）供应表现好；

（2）切换成本高；

（3）技术领先；

（4）产品差异性大；

（5）品牌价值高；

（6）产品供不应求。

采购方和供应商各自占据有利地位的六种情况如表 2-3 所示。

表 2-3　采购方和供应商各自占据有利地位的六种情况对比

采购方占据有利地位的六种情况	供应商占据有利地位的六种情况
供应商产能过剩	供应表现好
供应商需要这个业务做敲门砖	切换成本高
采购方有备选的供应商	技术领先
采购量大	产品差异性大
采购方有能力自制欲采购的产品	品牌价值高
供应商渴望销售额快速增长	产品供不应求

采购人员在与供应商交往的过程中一定要做到扬长避短，切忌赞扬供应商的供应表现好，或者让供应商知道自己没有备选的供应商；要让供应商琢磨不透自己，以为自己并不急于成交，让供应商觉得每一次谈判都非常艰难。

采购人员高效赢得谈判的七步法

要想赢得一场谈判，采购人员需要遵循以下七个步骤。

（1）明确使命

采购人员要从公司的愿景出发，明确谈判的目的和需要完成的任务。

例如，在存量经济环境下，采购人员需要完成的主要任务是降成本和降库存。采购人员需要以年度降价、安全库存和缩短交期等为主题约请供应商谈判。

（2）收集信息

采购人员应事先调查供应商的背景（包括财务状况、企业文化、企业信誉、组织架构、所处行业、行业排名、核心产品及相关新闻等）和供应商的谈判人员（包括能力、威信、谈判经验、权限及准备情况等），以便制定恰当的谈判战术。

（3）分析优势

采购方所拥有的优势是吸引供应商参与谈判的主要原因。

在谈判之前，采购人员应分析供应商想要得到什么，如市场前景、销量增长、广告效应、行业敲门砖等。

采购人员在谈判中要扬长避短，不可暴露己方的劣势，例如，不要提及项目需求波动较大、可能无法按时付款或管理层变动频繁等问题。

（4）明确目标

采购人员在谈判之前要预设目标，这时需要运用 ZOPA 法则。

所谓 ZOPA，就是可能达成协议的空间（Zone Of Possible Agreement），又称谈判协议区。

在采购谈判中，ZOPA 就是双方心理底线重叠形成的价格区间。换句话说，采购方的价格区间与供应商的价格区间的交集就是可能达成协议的谈判空间。

例如，在谈判过程中，供应商的价格从 1 000 元开始往下降，采购方的价格从 500 元开始往上升。如果双方能进入 ZOPA（即 750~1 000 元这个价格区间），双方就有可能达成协议；如果双方未能进入 ZOPA，谈判就会以失败告终。这就是所谓的 ZOPA 法则（见图 2-5）。

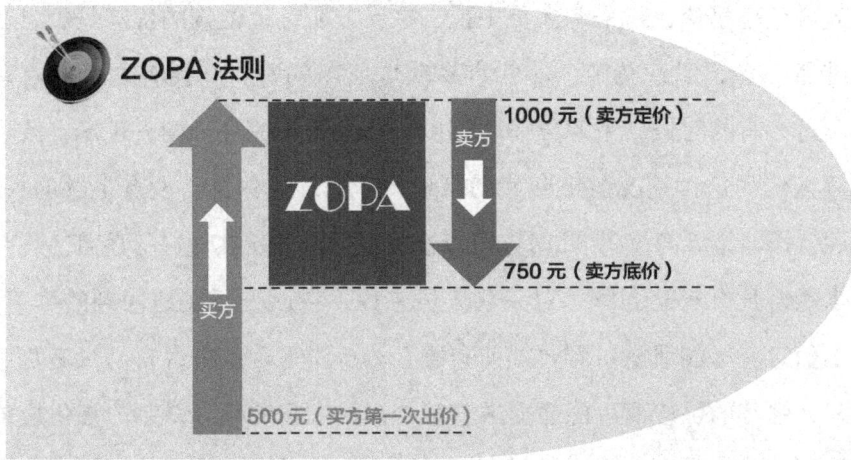

图 2-5　ZOPA 法则

当有多个谈判目标时，采购人员应当给目标排序，此时可以使用谈判利益次序表（见表 2-4），按照次序与供应商进行利益交换。

表 2-4　谈判利益次序表

序号	谈判利益
1	降价
2	账期
3	库存
4	质量
5	交期
6	合同期
7	排他
8	奖惩条款
……	……

（5）制定策略

谈判策略涉及很多内容，其中最重要的是到哪里谈和怎么谈。

先说到哪里谈，对采购人员来说，在己方所在地谈判的优势是：自己对环境非常熟悉，以逸待劳，非常容易获取所需的资料，拥有先天的心理优势。不过，有的时候，采购方需要到供应商处搜集信息、调查现场，或者为谈判陷入僵局这种情况留出回旋的余地（例如，声称自己没有足够的权限，必须回公司与领导商议），此时也可以选择在供应商所在地进行谈判。

当然，凡事都有利弊。对采购人员来说，在己方所在地谈判的劣势是：己方的信息有可能泄露；需要提前布置会场；当采购人员说自己没有足够的权限时，强势的供应商可能会要求直接与采购人员的领导谈判。在供应商所在地谈判的劣势是：采购人员对环境很陌生；往返需要较长的时间；一旦出现突发状况，采购人员容易陷入被动。

采购人员在不同地点谈判的优劣势如图 2-6 所示。采购人员要根据每一场谈判的实际需要灵活地决定到哪里谈。

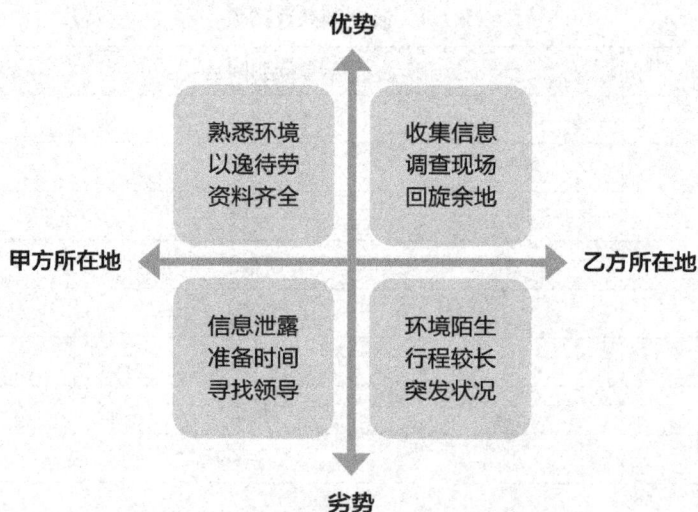

图 2-6　采购人员在不同地点谈判的优劣势

至于怎么谈，这是本书的重点内容，后续章节将详细展开相关内容。

（6）利益交换

谈判不是非赢即输的零和游戏，往往涉及很多方面的利益交换。

例如，在采购谈判中，最常见的利益交换是采购方要求供应商降价，同时承诺长期合作，这就给了供应商更长远的市场机会。

对采购人员来说，理想的谈判结果一定是在取得自己最想要的东西的同时提供对方最想要的东西。

例如，在某场采购谈判中，双方的谈判利益次序表如表 2-5 所示。采购人员可以通过延长合同期限或增加标的物范围等方式，从时间和种类等维度增加采购额，从而增加供应商的销量，以换取更低的采购价格或让供应商同意自备一定的安全库存。采购人员还可以提出缩短账期，以换取供应商降价或备库。总之，只要是供应商想要获得的利益，就可以用来交换。

表 2-5　谈判利益次序表

采购方谈判利益次序	供应商谈判利益次序
降价	销量
备库	账期
账期	合同期

不过，在真实的谈判中，谈判双方往往倾向于隐藏自己的底牌，以便获取更大的利益。为了摸清对方的底牌，采购人员必须系统地学习谈判方法。

（7）做好最坏的打算

采购人员在谈判中要极力避免供应商退出、徒劳无功的结果，因为这对谈判双方来说都是一种损失。

采购人员要事先准备好一个或几个替代方案，即**最佳替代方案**（Best Alternative To a Negotiated Agreement，BATNA）。即便谈判不成，也可以保留达成目标的可能性。

　　如果除了目前的谈判结果，不存在其他的可能性，或者采用其他方案的可能性微乎其微，采购人员就应该尽量谈成而不是放弃谈判。

　　例如，某芯片厂要求涨价，采购方不同意。负责谈判的采购人员知道，如果这场谈判没有结果，该芯片厂就会停止供货，而备选芯片厂的价格要高出很多。虽然采购人员可以把备选芯片厂供货作为最佳替代方案，但是这个方案并不会给自己的公司带来任何实质的好处，因此在这场谈判中谈出结果才是最好的选择。

第 3 章　不同宏观经济环境下的谈判策略选择

本章将通过对比增量经济环境下和存量经济环境下双赢谈判方法与竞争性谈判方法的效果，说明当下最有利于企业和个人生存发展的谈判方法是什么；并通过一个谈判故事说明，经过系统的训练，每个人都能成为谈判高手。

本章将解答采购人员普遍关心的下列问题：

- 为什么谈判正在变得越来越艰难？
- 为什么宏观经济环境的变化会对谈判策略产生影响？
- 双赢谈判与竞争性谈判的区别在哪里？
- 经过培训，每个人都能成为谈判高手吗？

在增量经济环境下，采购人员如何通过谈判实现双赢

在增量经济环境下，采购方和供应商在谈判中往往追求以下三种结果：

- **资源共享；**
- **合作共赢；**

● 长期承诺。

这就是俗称的"双赢"。

在增量经济环境下，如果你所在的公司年增长率只有 20%，恐怕你会很不好意思跟朋友提，因为很多公司都在翻倍增长，也就是所谓的"**跨越式增长**"。

在这种环境下，采购人员往往会用增量预期交换现有外购件的降价，完成一场成功的双赢谈判。

例如，某采购人员承诺把明年新增的采购量或者新增项目优先交给某战略合作供应商，并要求供应商将已经量产的部件的价格降低 3%。很多供应商出于抓住增量机会、跑赢竞争对手的目的，一般都会同意降价以换取更高的销量，也就是俗称的"**薄利多销**"。

有些公司现金很充裕，其采购人员有时会在谈判中提出缩短账期以换取供应商降价。例如，采购人员提出，采购方愿意将账期缩短 30 天，但供应商必须将价格降低 2%。很多供应商都会答应这个条件，采购方的财务部门也会支持这样的交换。到了年底，采购部还可以"光荣"地向公司高层汇报通过缩短账期为公司节约了多少支出。

在增量经济环境下，采购人员普遍会采用上面介绍的谈判方法。

接下来，请大家思考，**曾经非常有效的双赢谈判方法在存量经济环境下是不是越来越难以获得预期的效果呢？如果答案是肯定的，是什么导致它开始失效的呢？**

答案就在下一节。

在存量经济环境下，采购人员如何通过谈判实现单赢

一切都要从"增长悖论"说起。

我在 2019 年听说了某企业老板的故事，然后对很多企业老板在宏观经济环境发生变化的情况下所面临的生存难题进行了总结和归纳，提出了"增长悖论"这个说法。

故事是这样的。有一家企业的老板为人踏实，白手起家，经过 20 年的努力，把一个小小的机加工车间发展为某市最大的机加工产业基地。该企业之所以能实现快速发展，主要是因为它与几家优质的汽车行业客户建立了长期合作关系。该企业每年都以帮助客户采购人员完成降本目标的方式换来了销量的翻倍增长，说白了就是薄利多销。

为了满足增产的需要，在这 20 年间，这位老板不仅没有把通过企业赚得的利润变成个人的财富，反而从银行贷了很多款，用来购买厂房和设备。时至今日，该企业的规模已经变得很大，但是利润薄如纸、贷款多如麻。

2019 年，部分车企销量下降导致该企业 80% 的设备停机，企业整年赚得的利润甚至不足以偿还贷款利息。这位老板在这 20 年间不仅没有变成富翁，反而变成了名副其实的"负翁"，企业也差点破产。

我将这种企业大而不强的现象称为"增长悖论"，即在利润不断降低的情况下，企业规模增长得越快，对市场风险的抵御能力就越弱。一旦出现客户大量削减订单的情况，企业便会面临严峻的生存危机。

这位老板在 2019 年立下了新的规矩：没有合理的利润绝不接单，宁可缩小经营规模，也要规避经营风险。

这位老板彻底转变了自己的经营观念，这不是个例，而是普遍现象。这正好验证了一条规律：**在增量经济中抓机会，在存量经济中避风险。**

这也解释了为什么采购人员在存量经济环境下通过双赢谈判的方法取得

降本业绩变得越来越困难。

这是因为，宏观经济环境发生了变化，很多企业的销量不下降已经相当不错了，在缺乏新项目支撑的情况下，原先的谈判方法再也不灵了。

采购人员一定会问，什么样的谈判方法适用于存量经济环境呢？

我认为，采购人员应该从以双赢思维为导向的战略层面转向**以竞争思维为导向的战术层面**，了解心理学在采购谈判中的应用，在每次谈判之前做好充分的准备，在谈判过程中灵活运用多种战术和方法，达到将己方利益最大化的目的。

经过系统的学习和训练之后，人人都能成为谈判高手

在给很多企业的采购人员做谈判培训的过程中，我总会发现个别学员习惯于自我否定，总是怀疑自己能否成为谈判高手，他们给出的理由常常是自己心太软，在供应商面前太好说话。

请大家想一想，**我们每个人在小的时候是怎样谈判的**？

以我的家庭为例，我的妻子和儿子经常在饭桌旁上演如下的谈判场景。

儿子喜欢吃冰激凌，不喜欢吃蔬菜。而妻子认为小孩子要多吃蔬菜，补充营养。

妻子说："先吃蔬菜，再吃冰激凌。"

儿子把头摇得像拨浪鼓似的，还振振有词地说："我的肚子里只能容下冰激凌。"

妻子做出微小的让步，说："你只要吃一口蔬菜，我就给你吃冰激凌。"

儿子坚决不吃。

妻子没有办法，便把冰激凌放到饭桌上，引诱儿子吃蔬菜。

谁知儿子一见到冰激凌，眼里更没有蔬菜了，把冰激凌抢到手里大吃

起来。

长此以往，妻子便更难以管束儿子了。

故事讲完了，问题随之而来：在这个场景中，**谁是谈判的赢家呢**？

很显然，是我的儿子。

那么，**为什么一个只有 5 岁的小孩子能够在与成年人谈判时不落下风，甚至经常获胜呢**？

我们一起来分析小孩子的行为特征。经过大量的观察，我发现小孩子普遍具备六大谈判能力：

（1）**明白自己的要求**，如买玩具、吃零食、看动画片、出去玩等；

（2）**善于把握时机**，例如，趁着爸爸妈妈高兴时提出要求；

（3）**为一己之欲不顾对方**，例如，当买玩具的要求被拒绝时，孩子会在商场大哭大闹，令家长难堪；

（4）**不怕羞、不后悔、过后就忘**，例如，前一分钟还在生气，后一分钟便眉开眼笑，令家长大受"内伤"；

（5）**找对的人谈判**，例如，如果爸爸妈妈不答应自己的要求，就去找爷爷奶奶；

（6）**没有长远的承诺**，例如，小孩子经常会做出承诺以换取自己想要的东西，但是往往不遵守承诺。

这便是小孩子能够在谈判中几乎百战百胜的原因。

请大家接着思考一个问题：**在谈判中，面对强大的对手，首先做出微小的让步以换取对方的善意，这种做法是正确的还是错误的呢**？

参考我的妻子与儿子的对话，答案当然是：这种做法是错误的！

面对强大的谈判对手——儿子，妻子的善意只会换来儿子的得寸进尺。

请大家思考一下，在你系统地学习采购谈判之前，面对强大的谈判对手（例如，出言不逊、毫不退让甚至得寸进尺的供应商，谈判经验老到的供应商，已经成为行业领导者的供应商或者产品专家型的供应商），你是怎么做的呢？

你是主动做出微小的让步以换取对方的善意还是始终保持强硬态度呢？

如果你总是想要做出妥协，请记住：**从今天起，要学小孩子，变得强硬起来。**

每个人都曾经是小孩子，也就是说，每个人都曾经是谈判高手。只不过，在后天的成长过程中，很多人受到环境、文化等因素的影响，行为模式发生了改变，遇事时犹豫不决，在谈判中畏首畏尾。

不过，在给很多企业做过采购谈判培训之后，我发现，**通过系统地学习采购谈判知识、开展专业的模拟训练，所有采购人员都可以显著地提升自己的谈判能力，成为名副其实的谈判高手。**

采购谈判之术

很多时候，采购谈判就如同足球比赛，谈判双方就如同主队和客队，任何一方要想赢得谈判，都要树立信心、坚定信念、集中精力，充分研究对手的优缺点，制定正确的战术。

采购人员经常需要面对强大的谈判对手，有时候对手举止粗鲁、得寸进尺、不择手段、拒绝你的提议，甚至出言冒犯，一心想要在谈判中胜出。此时，采购人员必须具备强大的心理素质并采用正确的谈判方法。

如何才能做到呢？本篇将带领大家找到答案。

第 4 章　谈判高手的心智模式

本章将从谈判心理学的角度，通过生动的案例讲解谈判高手所具备的十大心智模式。只要采购人员形成这样的心智模式，就能大大地提升自己的谈判能力。

本章将解答采购人员普遍关心的下列问题：

- 如何回应供应商的第一次报价？
- 如何在谈判之前了解供应商的方案？
- 如何在谈判中最大限度地维护己方的利益？
- 什么是谈判中的力量？如何获得这些力量？
- 面对强大的谈判对手，如何赢得最终的胜利？

绝不能接受供应商的第一次报价

若干年前，我初为采购部经理时，曾经历过一次失败的招聘。

候选人在上一家企业的月薪是 8 000 元。在最后一轮面试时，候选人要求将月薪涨到 10 000 元。我认为这个要求合情合理，所以不等人力资源经理开口便擅自做主，立即答应了他的条件，要求他尽快入职。

没想到，他在入职之后总是四处打听别人的工资是多少，一旦听到谁的工资比他高，便认为"自己果然要低了"，对工作越来越不积极，而且时不时找我谈加薪，这让我对他感到十分厌烦。

年底考评时，我给他的评分是 C（A 为优，B 为良，C 为及格，D 为不及格），要求他尽快改变工作态度。没过多久，他就离职了。采购部不得不再次申请招人，可谓得不偿失。

后来，人力资源经理找我谈话，提醒我在面试时不要再犯类似的错误。**我犯的错误就是接受对方的第一次报价。**

如果我在该候选人提出月薪涨到 10 000 元时稍微还一下价，说"你的要价偏高，超出了我们的预算，可以降一些吗"，候选人很可能就不会觉得自己的工资要低了，而会感到心满意足。

其实，他是否真的会接受降低月薪的要求对我来说毫不重要，重要的是他认为自己的月薪不低，从而把注意力从工资问题转移到工作问题上。在入职之后，他会通过努力工作获得进一步的升迁和加薪，成为我的得力干将。

请大家想一想，**为什么在我立即满足他的条件时，他会心有不甘，而在我不接受他的条件时，他反而会心满意足呢**？

这是由人的本性所决定的，**人的本性就是——害怕吃亏**！

我们司空见惯的商场打折套路正是利用了人们的这种心理。假设某商家想把一件衣服以 300 元 / 件的价格卖出，如果商家只是在价签上写"300 元 / 件"，一定少有人问津，因为顾客会认为这件衣服没有什么优惠，担心自己吃亏。

如果商家在价签上写"原价 600 元，现价 300 元，仅此一天"，看中这件衣服的顾客就会认为，如果今天买下这件衣服，那么自己不是花了 300 元，而是省了 300 元，便会痛快地掏钱买下。

同样的道理，有经验的供应商都会在第一次报价时故意留出一些空间，等着采购人员来砍价。

如果采购人员接受供应商的第一次报价，就会带来以下三个问题：

- **削弱供应商的信心**（供应商会担心采购方不付款）；
- **变相鼓励供应商涨价**（供应商会认为自己把价格报低了）；
- **让供应商把自己看扁了**（供应商会认为这个采购人员太不专业了）。

因此，采购人员绝不能接受供应商的第一次报价。

切忌在不了解供应商时盲目地做出假设

采购人员在工作中遇到的最大尴尬莫过于在自认为十拿九稳的事情上犯错。

下面讲一件我亲身经历的事情。

我曾经负责一项采购任务——采购一批密封胶圈。原供应商在合同到期后要求涨价 5%。我调查后发现，制造该密封圈所需的天然橡胶的价格确实较前一年上涨了 6%。因为原材料费用占产品价格比例较高，所以我认为原供应商的涨价要求合情合理。

原供应商距离公司只有 30 公里，从运输成本的角度来考虑，这家供应商是最有优势的。公司规定，要想通过采购合同审批，必须提供三家供应商的报价并进行比价。于是，我找了另外两家供应商报价，其中一家远在四川（我们公司的工厂在北京）。

没想到，四川供应商的报价比原供应商之前的合同价还低 3%，样品也很快地通过了各项检查。

后来，我通过沟通才知道，四川供应商在天然橡胶价格降到最低点时屯了一大批货，所以它的原材料费用比原供应商低很多。

当时，我仍然决定邀请原供应商谈判，并说明了情况。没想到，原供应商为了留住我们公司这个优质客户，当场表态说愿意降价 5%，而不是之前提出的涨价 5%，这让我感到十分吃惊。如果没有在三家比价时碰巧遇上四川供应商，我会想当然地同意原供应商的涨价要求，在谈判中迷失方向，给公司增加不必要的成本。

这件事深深地触动了我。我意识到，**在采购谈判中，在做任何事情之前，如果不清楚对方的真实想法，就不要盲目地做出假设**。

在谈判中，对于同一个问题总有两个解决方案——你的方案和供应商的方案。你很清楚自己的方案，但你知道供应商的方案吗？如果不知道，就要在提出自己的方案之前，想方设法了解供应商的真实想法，然后制订下一步的计划，否则你就是在跟自己谈判。

主动提出对己方有利的方案

在日常工作中，有些采购人员始终秉持这样的信念：所有的问题都是供应商的问题，理应由供应商自己来解决。

在这个信念的驱动下，他们一旦遇到诸如成本、质量、交付等问题，就会强硬地要求供应商提供解决方案，否则便会以更换供应商、罚款甚至对簿公堂等手段相威胁。

我并不是要彻底否定这种做法，毕竟投诉也是推动供应商改进的有效手段之一，但是这种做法也不是完全妥当的。

采购人员在投诉供应商时应该给供应商留下一定的余地，使自己的投诉换来最大的补偿。

我曾经负责一项紧急采购任务——采购一批定制触摸屏。由于没有现成的触摸屏可选，公司只能重新设计触摸屏，而且需要开模具。

我找来三家模具厂 A、B、C 报价，结果如表 4-1 所示。

表 4-1　三家模具厂的报价

模具厂	模具价格（元）	交期（天）
A	130 000	20
B	120 000	25
C	125 000	23

项目经理给我的预算是 100 000 元，交期是 20 天。很明显，三家供应商提供的价格和交期都无法满足要求。

我跟三家供应商交底，三家供应商都表示做不到。

项目经理越催越紧，我便威胁三家供应商，如果不答应这些条件，就把它们放入黑名单，永不合作。

在重压之下，A 选择了退出，B 和 C 分别做出了不同程度的让步，重新提供了报价（见表 4-2）。B 和 C 可以满足我们对交期的要求，但是仍然无法满足我们对价格的要求。

表 4-2　三家模具厂的第二轮报价

模具厂	价格（元）	交期（天）	特殊要求
A	—	—	退出
B	110 000	20	100% 预付
C	120 000	20	累计生产 15 000 件后返还模具费

我预感到，如果继续这么强压下去，那么 B 和 C 退出也是迟早的事情，是时候主动提出自己的方案了。

我询问项目经理这个项目的预期采购量是多少，能否达到 15 000 个（为了满足 C 的特殊要求）。项目经理的回复是"有可能，但没有把握，至少会有 10 000 个"。

于是，我约请 C 谈判，并主动提出以下三个条件：

（1）价格要降到 100 000 元以下；

（2）承诺订单量不少于 10 000 个，可以随模具一起下单，分批交货，给供应商保障；

（3）提供另外一个新项目。

C 的销售人员听了很开心，当即接受了我提出的方案并更新了报价单。这项采购任务就此圆满地完成了。

通过这件事情，我总结出了一条经验：采购人员要主动提出对己方有利的方案。

在遇到问题或争议时，采购人员如果不主动提出合理的方案，就相当于把主动权交到了供应商手上。接下来，供应商当然只会从自己的立场考虑问题，往往会提出己方无法接受的要求甚至直接退出谈判。

因此，为了让自己的投诉换来最大的补偿，采购人员不应坐等供应商提出方案，而要在有把握的情况下主动提出自己的方案。

在这个过程中，采购人员需要做到以下四点：

（1）主动提出方案，而且要多考虑己方的利益；

（2）只谈论方案，不争论谁是谁非；

（3）在提出方案时给供应商留下余地，不要让对方产生断绝合作的想法；

（4）让供应商感到自己提出的方案合情合理，并非漫天要价。

绝不首先让步

采购人员在谈判中最困难的事情之一就是做出让步。

根据个人的经验，我认为有一种方法可以有效地帮助采购人员避免在谈判中做出让步，那就是尽量把自己装成一个吝啬鬼，而不是一个富有同情心、乐善好施的人。

虽然为人大度在很多时候可以感染别人，但是在谈判中往往是另外一回事。大量的实战经验告诉我们，采购人员通过让步来换取供应商的让步往往是无法实现的。

采购人员的让步一般都是实实在在的，而供应商的让步在很多时候根本是设计好的套路，大家还记得商场经常使用的打折促销的套路吗？而且，如果对方是强势的供应商，一旦采购人员首先做出让步，对方不仅不会让步，还会迫使采购人员做出更多的让步。

有的人会说，我在某本书里面看到过（或者在某个讲座上听到过）这样的观点：在谈判中，采购人员应该主动地表达善意，以便软化供应商的立场，并推动谈判继续进行，毕竟总得有人先做出让步。

在我看来，这样的观点只不过是纸上谈兵。

"采购人员首先做出让步，以便软化供应商的立场"，这样的观点听起来有点道理，但为什么非得采购人员首先做出让步呢？

一旦采购人员首先做出让步，供应商便会这样解读：采购人员太善良了，太软弱了。但是，即便供应商真心觉得采购人员非常善良，也不一定会回报对方的"善意"，同样地做出让步，供应商仍然有可能坚守其强硬的立场。如果供应商认定采购人员非常软弱，往往只会变本加厉地迫使采购人员做出更大的让步。

有些人会说："我就遇到过讲理的供应商，在我让步之后，对方也做出了让步，最后皆大欢喜。"

这种情况当然是可能发生的，但问题在于，你每次都能遇上这样的供应商吗？如果你遇到的供应商不是这样的，你该怎么办呢？退一步讲，即使你遇到了讲理的供应商，为什么不是对方首先让步呢？

至于"采购人员首先做出让步，以便推动谈判继续进行，毕竟总得有人先做出让步"这种观点，你感受到背后那种无可奈何的消极心态了吗？如果采购人员这样行事，恐怕只会被供应商牵着鼻子走，一路退让，直到退无可退。供应商只会认为对方非常软弱，其态度只会变得更加强硬。

说到底，**让步就是改变自己的谈判立场，向对方的立场靠拢，有一点举手投降的意思**。供应商一施压，你就退让，供应商肯定会这样想：最好再加一把劲，直到碰触对方的底线。

因此，采购人员不能有这样的幻想：只要主动向难缠的对手做出让步，对方就会改变强硬的态度。与此同时，采购人员要抛弃这样的忧虑：如果不主动做出让步，谈判便难以进行下去。如果不摒弃以上两种想法，采购人员在供应商眼中就永远是一只待宰的羔羊。

保持坚定的决心

拥有丰富经验的谈判高手都明白，无论作为买方还是卖方，在谈判中一味地表现强硬并不能保证取得理想的谈判结果。但是，展示强硬的态度确实是谈判者应该掌握的一项技能。

如果你懂得如何表现得盛气凌人，那就说明你是天生的谈判者。有些人一张口全是令人感到很舒服的话，这样的人再怎么训练恐怕也学不会装腔作势。

不过，这并不会阻碍"温柔"的人成为谈判高手，**只要你拥有足够坚定的决心，你就能表现得足够强硬**。

例如，某供应商因为原材料上涨要求涨价，你可以不卑不亢地回答："不行。"即使对方三番五次地找你谈，你只要保持坚定的决心，每次都说"不行"，对方的态度就会逐渐软化，最后很可能会自己提出解决方案或交换条件。

请大家回忆一下让步的缺陷。采购人员如果单方面做出让步，就会被难缠的对手步步紧逼，直到退无可退。这有点像拿肉喂狼，狼是永远不会满足的。

有的人可能会说："我觉得，如果双方都很强硬，就很容易造成谈判没有结果啊！"没错，没有什么谈判方法是适用于所有人、所有情形的。但是，我要提醒你算一算"**总账**"。如果你每次都选择做出一定的让步，或者把自己的底价和盘托出，即使你每次都能获得一点业绩，总体算下来，你的业绩也不会太出色；如果你总是保持坚定的决心，即使有一两次谈崩了，总体算下来，你的业绩也一定会非常出色。

一位做采购的朋友跟我讲了他的故事，他就是利用坚定的决心取得谈判胜利的。

他管理的一家地材供应商正在大批屯料，但是品控没有做好，产品的质量有问题。之所以需要屯料，是因为矿区要封路施工，如果不尽早屯料，他们就会因缺料而停产。

该供应商以封路导致停产为由，对甲方提出的不合格品退货要求不予理睬，要求甲方让步接收。

朋友火冒三丈，立即停止下新的订单，并告知供应商，即使甲方无料可用，也不会使用这批料，而且自己已经着手开发不受封路影响的新供应商。

该供应商得知情况后，立即与甲方取得联系，更换了不合格品。

其实，该供应商所供应的产品的价格和质量都优于其他供应商。在谈判中，甲方并不占优，而且如果甲方选择不订料，就会面临停产。

但是，该供应商其实也没有什么筹码，它必须在封路前多屯多卖，以便弥补封路造成的损失。

"这真是狭路相逢勇者胜啊！采购人员有时就是要有敢于亮剑的精神。"朋友感慨道。

这个案例给了我很大的启发：**有决心的谈判者与软弱的谈判者的区别在于，有决心的谈判者不会把僵局看得那么严重，他们只关心如何让交易的结果更接近自己的期望，而不是为了成交牺牲自己的期望。**

在谈判中，采购人员如果同意了自己并不满意的条件，就是在暗示供应商，其实自己能够接受任何条件。

因此，采购人员在谈判中要表现得像个吝啬鬼。谈判不是交朋友的场合，必须反其道而行之。只有具备侵略性、拥有坚定决心的人，才能在谈判中为公司赢得更多的利益。

切勿混淆对方的举止与你的所求

采购人员在谈判中经常会碰到难缠的对手。

有些谈判对手装腔作势、言语粗暴，只会一味地要求别人，从不允许别人提出任何建议。他们认为这是在谈判中获胜的不二法门。他们总是用这种方法来削弱对方的意志，从没想过在谈判中应该与对方交换利益。

很多采购人员都遇到过这种谈判对手，如何对付这种人是一个难题。

人们通常想到的办法是以牙还牙。但是，以牙还牙只会火上浇油，造成双方的矛盾升级。每较量一次，矛盾就随之升级一次，直至谈判彻底破裂，而这并不是采购人员应该追求的谈判结果。

那么，到底有没有好办法呢？

答案是肯定的，那就是"切勿混淆对方的举止与你的所求"。**采购人员一定要拥有坚定的决心，不管对方态度软弱还是态度强硬，都不能让对方影响自己追求的结果。**

前几年，我接到一项任务——为采购部购买合同管理系统。供应商是行业的龙头公司，规模很大，而我所在的公司只有几百人，规模相对较小。

接到邀请后，供应商派出一位技术总监和一位销售人员过来谈判。

刚刚坐下，我还没有开口，这位技术总监便发话了："可以向我介绍一下你们公司吗？"

我并未察觉出异常，便做了详细的介绍。

"是不是行业前三强？"技术总监问。

"不是。"我如实回答。

"年销售额超过 100 亿元了吗？"

"没有。"

"为什么邀请我司来给你们开发这个系统呢？"

看到技术总监颇有店大欺客的姿态，我怒从心头起，但转念一想，我不能因为他咄咄逼人而影响谈判结果，所以我把心里的怒火压了下去。

如果对方不能满足我的预算（100 万元），我就宁可不做。

在初步了解我们的需求之后，供应商很快发来了报价——200 万元。我立即回复说不行，因为我们的预算只有 100 万元。

对方回复说项目太小了，让我随便在市场上询价，如果预算只有 100 万元，那么肯定不会有人接单。对方还说，如果我们不接受 200 万元的报价，他们就退出。

之前我也做过市场调查，能够以 100 万元的价格接单的公司确实都是小公司，而且很有可能在开发的过程中提出涨价，风险极高。但是，即便在这种情况下，我也不能降低自己的期望值来满足对方的要求，于是我就把这个项目搁置了。

过了一段时间，我又接到一个项目管理系统的采购需求，便将两套系统打包一块询价，但前提是合同管理系统的价格必须在 100 万元以下。

这一次，供应商产生了兴趣，很快提供了报价，合同管理系统的报价是 98 万元，项目管理软件的报价是 160 万元，都在预算范围之内。

后来我才知道，因为一个大客户的项目停摆，供应商有几十位软件工程师没有事情做，所以只要有合适的订单就会接。他们的技术总监吃"精粮"吃惯了，看不上小客户的订单，所以当时表现得极为蛮横。

采购人员在与这种态度粗暴的对手打交道时，要将两条原则牢记于心：

（1）**想想对方的要求对自己是否有好处；**

（2）**不能接受只让对方满意的结果。**

采购人员要记住，**对方如何表现是对方的事情，与自己无关。**我们不必将对方的恶劣表现当成是针对我们个人的。对方怎么装腔作势都可以，但绝不能影响谈判的结果。只要记住这一点，对付起这种人来就能从容潇洒。

在谈判中，我们应该如何行事并不取决于对方的所作所为，而取决于我们的决心，**我们的决心来自于我们能从这笔交易中获得的利益和我们打算达成交易的意愿。**

力量只存在于头脑之中

在谈判中，采购人员要知道力量掌握在谁的手里。掌握了力量，手上就有了资本；没有力量，就会受制于人。

那么，**什么是谈判中的力量？怎么得到这种力量呢？**

它是主观的，就像风一样，看不见、摸不着，但能被感知到。

用一句话来总结就是：**力量只存在于头脑之中。**

请记住，在谈判中是有两个头脑的，一个是你的，一个是对方的，不是只有一个。这正是很多采购人员谈判失败的原因，他们总是把对方想象为"幼稚儿"，总是在纸上谈兵，但实际上对方心中也有自己的主张和方案。

聪明的谈判者都懂得人的主观感觉的重要性，并且会不断地向对方强调自己的主张的可信度。

举个例子，采购部需要招聘一位有经验的采购员，薪资应该怎么定呢？

有人会说，只要参考当地具备相同经验的采购员的平均薪资水平来定就好了。

如果这只是一道大学期末考试的题目，那么恭喜你答对了。

但是，在存量经济环境下，企业的薪资预算往往处于缩减状态，你们公司实在拿不出平均水平的薪资。当你与你看好的候选人谈薪资时，你应该怎么说呢？

你要记住，求职者是人，而不是市场。跟你谈判的不是市场，而是有主观感受的人。

假设你是一个急于找工作的有经验的采购员。当你来到某公司的接待处，看到面试的人正在排长队，而录取名额只有一个，你会怎么想呢？你认为被录取的机会是变大了，还是变小了？

很自然，你会有一点胆怯，你的信心会大减，因为竞争者实在太多了。

但是，你怎么知道竞争者太多了？很可能你就是这家公司一个多月来苦苦寻找的那位有经验的采购员。

如果你认为其他的应聘者都是你的竞争对手，当采购经理提出比市场行情价低 2 000 元的月薪时，你会拒绝吗？恐怕不会。

但实际上，你自己心里认定的"竞争对手"很可能都是一些刚毕业的大学生或者经验不如你丰富的新手。甚至有些时候，这些人都是招聘经理故意找来的，目的就是压低那位真正的"应聘者"的薪资。

人的主观感受的问题在于，人总是无法确定自己的设想是不是真实的。

供应商在谈判中做出任何举动，其意图都是影响采购人员对双方力量的看法。例如，很多供应商都会制作宣传片，并在谈判开始之前播放宣传片，其目的就是为了影响采购人员的看法。哪一方能够更"逼真"地改变对方的主观感受，哪一方的力量就会变得更加强大，就能在谈判中获得更大的利益。

反过来说，**如果采购人员认为供应商的力量更加强大，那么对方不用说任何话就已经赢了**。

我认识一位专门负责电子料的采购经理，他每个季度的采购额都有上亿元，但是他始终认为定价权完全掌握在供应商手中。他诉苦道，和他打交道的销售人员全是行业专家，而自己对那些元件一知半解，遇到技术问题只能听对方的，在谈判中始终处于劣势。

实际上，这一切都是他的主观感受。他在供应商还没有开口时就相信供应商的力量更强大，供应商的销售人员开口之后，他觉得果不其然。其实，他完全可以相信力量掌握在自己手中。

他可以使用什么方法来展现自己的力量呢？

他至少有三个方法：

- 打印潜在供应商名录，并在谈判时当着供应商的面翻看；
- 在桌上摆一摞文件，上面要有供应商的竞争对手的名称、印章等信息；
- 使出撒手锏，对供应商说"你的开价最好比他们低一点"。

他完全可以跟供应商说**"并不是非买你们的产品不可，还有很多供应商想要做进来"**或者**"我们目前的库存足够，并不着急进货"**。

只要讲得令人信服，对方马上就会泄气。

采购人员要想增加自己在谈判中的力量，就必须让供应商相信有很多其他供应商正在挤破头想做进来。如果做不到这一点，采购人员就休想增加自己的力量。

在这里，我想提醒**采购人员不要犯主动解释的错误**。例如，有些采购人员主动跟供应商说"在相同的条件下，我更愿意与你合作"或者"另一家供应商的产品质量不好，万不得已我不会考虑"，这样说只会增加供应商的力量。采购人员还应当避免当面赞扬供应商，否则同样会增加供应商的力量。即使你只能和这家供应商成交，也要让对方琢磨不透你在想什么，让对方心存忐忑。

你可以故意透露一些对供应商不利的信息，以增加自己的力量，例如：

- "别人的开价比你们低一些"；
- "别人答应按大宗交易给折扣"；
- "别人接受 180 天的账期"。

即使这样做不能产生实质作用，也能让供应商不敢提出过高的报价，削弱对方的力量。

只要对方认为你有力量，你就有了力量，你就可以在谈判中占据优势。

反过来，如果你认为对方更有力量，那么力量就转移到了对方手中，而你必将因此付出不必要的代价。

提出更好、更多的条件

在谈判中，当供应商首先做出让步时，采购人员不应轻易答应供应商提出的条件，并草草地结束谈判，而应提出更好、更多的条件。

这是因为，**在很多时候，供应商只是做出了微小的让步，并未触及其底线。尤其是针对降本的谈判，只有越多越好之说，绝无达标即可之说。**

我曾经负责过某化工原料的招标和谈判工作。当时，共有五家供应商参与招标。经过三轮竞价之后，只剩下价格最低的两家供应商 A 和 B 进入了最终谈判。

在谈判的过程中，A 声称最低价格是 2 000 元 / 吨，没有任何降价空间，这个价格比我的目标价格 2 200 元 / 吨低了 200 元 / 吨。

但是，我事先了解到，该化工原料的主要原材料的价格在近期大跌。于是，我指出："主要原材料的价格近期下降了 15%，后续还有下降的可能性。因此，你应该在 2 000 元 / 吨的基础上再降价 15%，即 1 700 元 / 吨。"

供应商听了之后愣住了，我见势接着施压："你必须在本次谈判中做出决定，如果离开会议室，你就再也没有机会了。我司的采购量在业内是比较大的，你应该知道失去这个机会对你们意味着什么。"

供应商很惊讶，问我是不是认识他们的内部人员。我不置可否，目的是让对方捉摸不透。

思考了一分钟之后，供应商解释道："虽然主要原材料的价格下降了 15%，但是人工和水电等成本都在上涨，所以整体降价 15% 难以实现，但是我司可以承诺降价 10%，即 1 800 元 / 吨。"

看到供应商愿意做出让步，我当然很高兴，但是我仍然不满足于当前的战果，进一步提出要求："我们也在与 B 谈判，对方正在考虑我的提议。如果你不答应这个条件，恐怕真的会失去这个机会。我建议你再好好地计算一下。"

看到供应商面露难色，我提议："你们可以提出对我司有利的其他条件，如延长账期、缩短交期等，我司会综合考虑各种条件之后做出决定。"

供应商思考片刻，提出了自己的条件：

- 价格再降 3.3%，降至 1 740 元 / 吨；
- 可以接受 6 个月的承兑汇票，但不能全部用汇票支付；
- 在项目启动之前，可以提前一个月为甲方准备安全库存，以便满足紧急供应的需求。

后来，我与 B 谈判，他们提出的条件与 A 提出的条件相当。

最后，我决定由两家供应商各自按照 50% 的比例同时供应这种化工原料，一方面实现了充分竞争，另一方面在将来项目增量或原材料价格进一步下跌时，我还能找到更多的降本空间。

通过这件事情，我发现：**谈判不是一次性的，而是一个系统工程**。在开始谈判之前，采购人员要做好充分的准备；在谈判中占据优势时，要不断地提出更好、更多的条件；在谈判结束后，要抓住后续的降本机会，继续提出更好、更多的条件，实现己方利益的最大化和持续化。

不要轻信供应商

在谈判中，采购人员很难分辨供应商说的话哪句是真的、哪句是假的。

例如，在上一节的案例中，供应商 A 在首轮谈判中说自己的价格已经降到最低了。供应商 A 这样说只是为了迷惑采购人员，使谈判进程按照自己的期望推进。

因此，**采购人员在谈判中要时时处处留意供应商说的话，这些话往往是真真假假、假假真真**。一旦发现供应商不诚信，采购人员就可以据此要求供应商做出进一步的让步，获得更大的谈判优势。

几年前，我所在的公司急需采购一套管理系统。这个管理系统在国内没有什么软件公司做过，有能力做的软件公司数量极为有限。

我邀请三家软件公司 A、B、C 参与竞价，因为这三家公司都声称自己能够实施这套管理系统。我当然不会轻易相信供应商的话。经过多轮调查，我发现：

- 只有 A 能够实施该管理系统的三个子系统；
- B 能够实施其中两个子系统，第三个子系统需要研发；

● C 虽然有三个子系统，但都不完善，且无任何实施案例。

项目需求十分急迫，只有 A 能满足工期要求，B 勉强能满足但有风险，C 完全不能满足。综合考虑，其实只有 A 具备供货条件。

我让三家供应商进行第一轮报价，结果如表 4-3 所示。

表 4-3　三家供应商的第一轮报价

供应商	第一轮报价（万元）
A	2 500
B	1 800
C	800

结果让我很意外，A 的价格是最贵的，远超 2 000 万元的预算。

虽然项目十分紧急，但是我并没有主动联系 A，而是多次与 B 沟通，目的是了解实施该管理系统的成本。我询问 B 研发时间和研发费用是怎么估算的，为什么他们的报价是 1 800 万元，知识产权能否共享等。另外，我还要求 B 进一步降价。

同时，我与 C 沟通，告诉他们第一轮报价的时候他们并没有完全了解我方的需求，遗漏了很多项目，没有考虑技术服务等，要求他们再次报价。

几天后，A 主动联系我，询问报价的情况。我说他家的价格高出其他供应商太多，没有办法继续，而且其他供应商愿意共享知识产权，时间也能满足项目要求。

A 非常气愤，说其他供应商是在搞超低价竞争，目的是扰乱市场。A 说他们没办法接受相同的条件，将考虑退出。

我当然不会轻信 A 的说法，于是试探性地问："下周会有第二轮报价的机会，你们还参加吗？"

"要的、要的。"A 立即改口。

果不其然，我心想。

第二轮报价的结果如表 4-4 所示。

表 4-4　三家供应商的第二轮报价

供应商	第二轮报价（万元）
A	2 200
B	1 600
C	1 800

看到比价单，我立即与 C 联系，了解大幅度涨价的原因。

C 表示之前没有考虑技术服务，也没有考虑系统的规模，1 800 万元这个价格是他们邀请专业人员进行评估之后给出的诚心价。

接着，我与 B 联系，要求对方进一步降价。B 表示非常想做该项目，但是 1 600 万元已经是他们能够接受的最低价了。

最后，我约请 A 来谈判。

"你们的报价严重偏高。现在的最低报价是 1 600 万元，如果贵司不能接受这个价格，就只能退出了。"我说出了实情。

"我没有权限答应这个价格，我需要几天时间向公司申请。"A 有些慌张。

几天之后，A 发出正式邮件，表示愿意将价格由 2 200 万元降到 2 000 万元，并重申这是最低价。

我当然不会相信这个说法，于是立即通过邮件回复："本项目的目标价是 1 600 万元，如果贵司不能接受，就只能退出。此项目结束后还有后续项目，如果贵司拿到这个项目，在争取后续项目时就能获得很多的加分。如果贵司愿意从长期合作的角度考虑，请于明天下午 3 点前提供最终报价，逾期则会被视为退出。"

最终，A 同意按照 1 600 万元的价格成交，他们想要拿到进入这个行业的机会以及我们公司的后续项目。

这件事情让我明白，**在谈判中，无论供应商表现得多么强硬或软弱，采购人员都不能轻易地相信。采购人员始终要以目标为导向，通过不同的方法和手段来影响供应商的决策，尽可能取得最大的战果。**

目标至上，永不放弃

《把信送给加西亚》是一个经典的励志故事。故事的大致内容是一名传令兵经过千难万险，把一封重要的信交给了指挥官加西亚。这个故事告诉我们，做事的时候一定要有很强的目标感和毅力，这样才能完成常人无法完成的事情。

在采购谈判中，采购人员也要像《把信送给加西亚》这个故事中的传令兵一样。**当遇到困难时，采购人员只要始终以目标为导向，开动脑筋，尝试各种方法，就有可能完成任务；如果遇到困难便停止思考、半途而废，那么一定无法实现目标。**

下面讲一个关于采购员小明的故事，以此说明目标至上的重要性。

风起了，天阴了，马上就要下雨了。

"小明，赶紧来一趟我的办公室！"电话那头是采购经理催促的声音。

小明眉头紧缩，迟疑着推开了经理办公室的门。

"快坐下。"采购经理赶忙招手。

小明很忐忑，心想："到底是什么事情呢？"

采购经理看出了他的疑惑，清了清嗓子说："我只是想了解一下你在干什么，知不知道自己工作的重点。"

小明有点懵了，感到自己受到了冒犯，心想："这是什么问题，我在做什么你不知道吗？"

"我澄清一下，我需要跟你讨论最近工作的重点，以便保证你的绩效。"采购经理的双眼直视着小明，给小明一种居高临下的压迫感。

"在过去的一年里，你的业绩很出色，但是你管理的电子厂 A 持续交货不达标，我已经不能再容忍此事，我要立即看到改善。"在做了简短的铺垫之后，采购经理直奔主题。

"原来如此！"小明总算明白采购经理为什么急着找他了。

"我检查过 A 的计划系统，并没有逻辑上的问题。我可以断定，A 不能及时交付的原因只是产能不足。上周 A 提交了扩产计划，他们已经购买了一条组装线，一个季度后到位。"小明将自己知道的情况和盘托出，以证明自己正在积极跟进此事。

"我已经对 A 失去了信心，我需要能够**立即**解决问题的方案，例如，将目前由 A 供应的电子件立即交给别的供应商来供应。"采购经理故意强调了"立即"这两个字。

小明无奈地说："把已经量产的电子件转移出去是很困难的。我们面临着五个方面的困难，一是新投资的工装和管理费从哪里来，二是供应商早期介入的知识产权如何处理，三是可靠性测试的时间和费用有没有，四是如何获得稀缺的工程师资源，五是电子件转移过程中的风险无法预见。因此，我不建议这样做。但是，我可以立即取消 A 获得新项目的资格。A 已经制订了扩产计划，在一个季度之后我们就能看到彻底的改善。"小明自信地说。

"这还不够。这样吧，我刚才跟工程师简单地讨论了一下，他们会把 A 的电子件按照工艺难度进行排序。你拿到这份清单之后，统计一下难度最低的电子件的数量，先将它们转移出去。"采购经理做事一向雷厉风行，他要求的事情，下属必须做到。

"如果有工程师的帮助，的确可以转移一部分。"小明点点头，"那咱们就双管齐下，一方面取消 A 获得新项目的资格，另一方面将容易转移的电子件快速地转移出去。"

"可以。现在我对这件事有信心了。你尽快给我一个具体的计划，以后我们每周沟通一次。"采购经理的脸上终于出现了一丝笑容。

"没有问题！"小明干脆地回答。

回到座位后，小明长出了一口气，这一关总算是过去了。

此刻，外面已是电闪雷鸣，大雨即将来临。随着气压的降低，天色逐渐阴暗下来，小明的心里也产生了一丝阴郁。

"此项目涉及与老供应商 A 的关系管理、新供应商的开发以及设计工程师、品质工程师和测试工程师的可用资源等诸多环节和因素，哪个环节出错或者资源不足，都会导致项目整体出现问题，远远没有采购经理想的那么简单。"小明在心里默默地盘算着。

看到外面阴云密布，采购经理起身拉上了窗帘。要不是今天开管理会时物流部经理再次点名批评 A 供货表现不好，总经理终于忍无可忍，要求采购部立即解决这个问题，采购经理也不会给小明这么大的压力。

"希望问题能够顺利解决。"小明和采购经理各自盼望着。

切换供应商的第一步是列出备选供应商。

A 除了直接供应线路板，还作为二级供应商给其他的一级供应商供应线路板，因此小明必须了解这些供应商的态度，搞清楚有哪些线路板需要切换供应商，他们是否已经有心仪的备选供应商。

小明给负责一级供应商的几位同事发了一封邮件，说明了具体的情况，请他们提供一些反馈。

很快，有一位老同事回复说："A 可不是只给我们生产线路板这么简单，他们还在研发期间帮我们做设计。之前，我的供应商想做切换，但设计部并没有掌握线路板的 Gerber 文件，只能作罢。之后，我的供应商再也没有兴趣做切换了。"

小明看完邮件后心想："果不其然。这个世界上最难切换的就是线路板供应商。而且，自己公司的设计部也不给力，这件事恐怕难办了。"

小明马上给采购经理发了一封邮件，表达了两个意思：一是公司在技术方面存在"欠债"；二是 A 最近的供货绩效正在逐步提升。在邮件的最后，小明建议就此罢手。

很快，小明收到了采购经理的"红字"邮件："必须于近期转移至少五个电子件，不接受任何理由！"

小明这才想起来，听说采购经理在总经理面前立下了军令状，一定要转移出去一部分电子件，以此作为对 A 的惩罚。

"难怪他火气这么大，看来这件事是躲不过去了！"小明愁容满面。

不过，小明转念一想："做采购工作做到现在，什么压力没承受过，什么苦没吃过？只要拿出打不死的决心，集中精力想办法，这一关肯定能过去！"既然发愁没用，不如给自己打打气。

到底应该怎么做？

先不考虑工程师的可用资源，小明首先想到了两条必须满足的要求：

- 备选供应商的价格要足够低，只有这样才能摊销产品转移的投资费；
- 产品的复杂度要足够低，只有这样才能确保产品转移不受技术"欠债"问题的影响。

根据工程师的建议，小明先从 180 个电子件中筛选出了 7 个符合以上要求的电子件，然后让备选供应商报价试试。

很快，小明拿到了一家供应商的报价，虽然个别物料的价格还算有竞争力，但整体价格与 A 持平。考虑到需要摊销投资费和测试费，小明要求供应商降价 5%。供应商说要研究一下，之后便再无消息。

其他供应商纷纷提出存在困难，如某个端子买不到等，或者询问一些技术问题，小明和工程师都难以回答。毕竟，很多物料都是由A在早期确定的。

小明感到很绝望。他知道，如果完不成任务，就没脸去见采购经理了。

面对采购经理的多次催促，小明只能编故事，这次说"有一家新供应商看上去挺有竞争力的，我会找它询价"，下次说"东南亚供应商的人工成本较低，我去找找信息，做做寻源"。

其实，小明心里很清楚，经过多年的降价，A已经把价格降到很低了。线路板80%以上的成本是由零部件决定的，如果不做设计变更，根本找不到成本更低的供应商。

小明陷入了一个无解之局。他开始抱怨采购经理不顾客观情况，一味地逼他切换供应商。但是，小明知道，如果以负面的态度来看待这件事情，那么最后只能给自己找一些停止思考的理由，这对解决问题没有什么帮助。

"别关闭，别关闭。"小明用拇指按压着太阳穴，努力思考可能的办法，不让杂念分散自己的注意力。

"既然现在的办法解决不了问题，我就重新分析，找到令经理满意的答案。"小明开始苦思冥想。

"经理到底想要什么？他与A素无来往，亦无仇怨。因为A持续发生交货问题引起了公司高层的不满，所以他必须有所行动，这样他才能向公司高层交差。"小明开始从源头思考问题。

"既然从成本的角度来看更换供应商根本没有意义，那么只能选择不更换。A订购的组装线下个月即将到场，再加上公司最近清库存、降低订单量，到了下个月月底，产能问题自然就会解决。但是，A已经给公司造成了损失，数次延迟交付导致公司遭到了客户的投诉和罚款，这笔账必须得讨个说法，否则经理没办法跟公司高层交代。"小明渐渐想明白了。

"让A在降本方面再努把力，将其视为赔偿或罚款，这是不是一个很好的替代方案呢？"小明总算想到了一个替代方案。

于是，在接下来的见面会上，小明试探性地向 A 的销售总监提出了这个想法。

没想到，该总监的回答非常坚决："不行！"

该总监还放了狠话："你可以找 100 家线路板厂商比价，我们的价格绝对站得住脚！"

小明不禁感慨，做采购可真难啊！

在很多人的眼里，采购工作什么人都能做。但在现实中，要想让公司和领导满意，采购人员必须成为孙悟空，只有会七十二变才能玩得转。

既然这个办法不灵，那就只能再次另辟蹊径了。

采购部的降本压力来自哪里呢？来自竞争对手。

虽然公司实力雄厚，但是竞争对手在近几年不断推出新品，这些新品体积小、成本低、性能好，导致公司产品的市场占有率逐年降低。

迫于成本压力，公司把辅助研发的采购部推到台前，主导产品成本的降低。

经过几年的降本，已经很难找到降本的机会了。也就是说，如果不在产品设计上做变更，今年的降本任务是不可能完成的。

但现实情况是，公司的研发人员不用背降本指标，他们根本没有动力为了降本而去冒险变更设计，采购部根本指望不上他们。

怎么办？这看起来是一个死循环。

这种情况倒逼着小明进行跨界思考。

很快，小明想到，只有拿到竞争对手的线路板做对标，才能发现差异，并以此推动研发。

但是，如何才能拿到竞争对手的线路板呢？小明想到了隔壁办公室的销售高手老王。

老王在公司服务了 10 多年，是一位颇有人缘的老销售。老王喜欢唱歌跳舞，跟公司的每一位员工都很熟，在行业和公司内口碑极佳。

"老王，我想弄个竞争对手的电路板对比一下，推动降本。"小明把老王拉到办公室外面小声说。

"早说呀，我们办公室里就有。"

"你们怎么得到的？"小明很好奇。

"我们经常参与新项目招标，所以一定要研究竞争对手的产品。有一次，马来西亚有一个项目招标，结果竞争对手的报价比咱们的成本都低，我们很惊讶，于是买来竞品拆开研究。"

"我们采购部怎么不知道？"

"这事你就别问我了。"

"好吧，那你把线路板借给我研究一下。"

"没问题，反正我们也不用了，给你。"老王就是这么大方。

把竞争对手的线路板和公司的线路板放在一起，小明一眼便看出了差异：竞品线路板的尺寸小很多，元器件的数量也少很多，散热材料也更加便宜（见表 4-5）。

表 4-5　竞品与本公司产品对比表

物料清单	竞品	本公司产品
印刷电路板	50 毫米 × 100 毫米	面积是竞品的两倍
贴片电容	30 个	83 个
垫片电阻	41 个	114 个
压敏电阻	直径为 12 毫米	直径为 18 毫米
液晶	尺寸小，引脚少	尺寸大，引脚多
外壳	透明 PC 粘贴标签	透明 PC+ABS 内壳，需要 4 颗螺钉固定
底壳	借用继电器的铜条散热	安装黄铜条散热

接下来要做的就是在产品研讨会上说明公司产品与竞品的差异，提出变更设计。研发部会怎么表态呢？小明心里很没底。

在产品研讨会上，迫于总经理的压力，研发部经理表态说竞品的设计并不复杂，工程师可以立即设计出相似且不侵犯竞品知识产权的线路板，这让小明和采购部经理都很惊讶。

果然，工程师只用了三天便完成了设计。

于是，小明拿着新设计再次与 A 商谈，A 爽快地同意降价 40%。

小明的降本任务就此圆满地完成了。

这个故事告诉我们，当采用任何常规的谈判技巧都无法实现既定的目标时，采购人员绝不能放弃，仍要迎难而上，通过非常规思维找到解决问题的办法。采购人员要始终秉持目标至上的信念，以小明为榜样，坚持做到"把信送给加西亚"。

第 5 章　谈判高手的战术方法

本章将从实战的角度出发，通过生动的案例介绍高效赢得采购谈判的十大经典战术方法。请大家将它们牢记于心，在谈判中灵活运用，提升自己的谈判能力。

本章将解答采购人员普遍关心的下列问题：

- 在谈判中，我该如何澄清不明确的信息？
- 在谈判中，我该如何摸清供应商的底牌？
- 我该如何与供应商交换利益，并保证己方的利益没有受损？
- 我该如何营造有利于己方的氛围，以便在谈判中占据主动？
- 如何在我方力量占优时趁热打铁，以便获得最大利益？
- 面对难缠的供应商，我如何表现才能迫使对方主动做出让步？

避免信息模糊不清

在谈判中，供应商有时会故意放出模糊的信息甚至编造信息，误导采购人员，以便在谈判中获取最大利益。

在若干年前，我曾经采购过一批生物质燃料，那时就遇到了这种情况。

当时，供应商 A 突然发出涨价通知，理由是近期路政执法频繁，配送车辆紧张，导致运费上涨。

我第一次听说这种事情，一时不知如何是好。

等定下神来，我意识到自己不能在不清不楚的情况下就轻易地做出决定，于是找当地的备选供应商 B 了解情况。

供应商 B 给我的反馈是：

- 路政主要督察地材类运输，不涉及袋装的生物质燃料；
- 由于气温上升，生物质燃料的销售已经进入淡季。

我据此判断，供应商 A 是在以路政执法为借口涨价，以弥补季节性的销量下滑所带来的损失。

基于这种判断，我决定以其人之道还治其人之身，惩罚供应商 A 的不诚信行为。

我从供应商 B 处采购了少量的生物质燃料，故意将其堆放在料仓，其包装袋上印有供应商 B 的品牌名称。然后，我邀请供应商 A 的销售人员到厂面谈。

供应商 A 的销售人员来访时，我故意带他到料仓参观。

看到供应商 B 的物料，他十分惊讶，于是追问供应商 B 的价格。

当我说供应商 B 的价格比他们的原价还低 3% 时，他立即表示回去申请降价。

之后，供应商 A 的销售人员通知，价格不仅不上涨，还下调 3%，与供应商 B 一致。

这个案例告诉我们，**采购人员在做任何决策之前，一定要充分掌握信息，客观地衡量业务的合理性，谨防上当受骗。**

用你的还价镇住对方

在谈判中，采购人员的首要任务便是摸清供应商能够接受的最低价。

其中的要诀是**用你的还价镇住对方**。

具体的做法非常简单：作为买方，出价要极低。

采购人员千万不要相信"还价要接近于目标成交价"这种话，因为你要给自己留下足够的余地。如果还价接近于目标成交价，谈得好时顶多按此价成交，谈得不好时连目标价都达不到。

让供应商接受低价的同时心里还高兴是一门艺术。这要看采购人员有没有能力让供应商挣每一分钱都要进行艰难的谈判。

不过，一个能够镇住供应商的还价和一个愚蠢的还价有时候是难以分清的。在谈判中，什么行为能够取得良好的效果、什么行为不能在很多时候界限并不清晰。一般而言，**只要能做到言之有理且态度足够强硬，采购人员开出的震撼低价往往就会成为谈判成功的基础。**

这里所说的"言之有理"并不需要客观的数据或严谨的逻辑作为支撑，哪怕有些牵强附会，只要供应商相信就好。

那么，什么样的理由能够站住脚呢？

采购人员需要把握两条核心原则：

- **让供应商觉得你是诚心想买他的东西；**
- **你的预算只有那么多，够不上他的要价。**

我曾负责采购一台德国进口的炉子。

德国供应商的第一次报价是 134 万元，某国产品牌的炉子只要 15 万元，但质量确实相差很多。

公司给我的目标价格是 100 万元，我给自己设定的谈判目标是 80 万元。

在与供应商第一次谈判时，供应商说价格可以降到 130 万元，但这是最低价，然后询问我的意见。

我当即表态："我司非常看好贵司的炉子，但是预算只有 80 万元。如果贵司无法降价，我们只能放弃购买。"

过了几天，见我没有反馈，供应商便打来电话询问情况。

我说："我司内部讨论了一下，贵司的价格超出了我们的预算，所以我司正在跟国内厂商商谈。"

对方赶忙说他会去申请优惠价格。

第二天，对方告知，他们可以降到 120 万元。但是，这个价格无法达到公司和我个人的期望，我决定不予考虑。

后来，因为一些突发的意外情况，工厂处于半停工状态，采购炉子的事情也就暂时搁置了。

与此同时，德国供应商的订单也在减少，于是他们的销售人员再次主动联系我，最终同意按照 80 万元的价格签署合同。

采购人员只要牢牢把握"让供应商觉得你是诚心想买他的东西"和"你的预算只有那么多，够不上他的要价"这两条核心原则，并运用得当，供应商往往就会主动找上门来寻求交易，采购人员可以趁势在谈判中为公司争取最大利益。

利益交换都是讲条件的

对很多自认为懂得谈判的人来说，最有用的两个字是"不行"。

其实，"不行"只能算是有用，最有用的两个字是"如果"。

为什么这么说呢？

因为采购人员说"如果"，既避免了让步所暗含的退让或投降的意思，

又提出了自己用来交换的条件，兼顾了谈判的目的。

在一场采购谈判中，买卖双方的目标是不同的：

- 卖方往往希望成交价高，买方往往希望成交价低；
- 卖方往往希望缩短账期，买方往往希望延长账期；
- 卖方往往希望交期长，买方往往希望交期短。

因为采购谈判涉及多种因素，所以采购人员不能按照"对方所失就是己方所得"这样的逻辑思考问题，毕竟双方都要计算总利益。

例如，卖方往往愿意稍微降一点价，以换取买方缩短账期，双方到底谁占了便宜其实很难讲。

谈判是否成功，最后要看自己的篮子里放的是不是自己想要的东西。对自己来说不重要的东西可能恰恰是对方想要的东西，这些东西是可以拿出来进行交换的。

因此，买卖双方要致力于从各种可能的方案中找出一个能充分满足双方利益与期望而又不致引起任何一方否决的方案。如果做不到这一点，就只能终止谈判，另找其他合作方了。

从这个角度来说，谈判的一部分任务是探求不致引起对方否决的结果。同样是谈判者，拙劣的谈判者也能谈成交易，只不过往往是坏的交易。而聪明的谈判者明白，谈判就是交易的过程，自己每向目标迈进一步都要让对方也前进一步。

有人会问："**怎么衡量谁让步多、谁让步少呢？**"换句话说，怎么保证自己没有将属于己方的利益拱手相让呢？

答案是，**只要自己提供的东西没有超出自己的能力或权限，而得到的东西全是自己需要的，就没有将己方的利益拱手相让。**

记住，在谈判中是没有让步必须对等这样的规矩的。

在谈判中，最重要且最简单的原则是：**在这个世界上没有免费的午餐。**

采购人员在提出交换条件时，一定要确保自己的让步能够换来对方的让步，否则就不要主动让步。

这时，最有用的那两个字就可以发挥作用了。

在谈判中，千万不要忘记在提出任何建议或做出任何让步时加上"如果"二字。

如果你同意降价 5%，我可以立即签署合同；

如果你承担质量风险，我可以立即将货物放行；

如果你保证今晚到货，我可以承担加急的运费。

使用"如果"二字可以使对方相信你的提议诚实可信。 加上假设性的条件后，对方不会认为你的提议是单方面的让步，而是把两件事捆绑在一起了。其中，"如果"部分是你的要价，后面的部分则是对方满足你的要求后得到的回报。

我曾经负责过预算额为 350 万元的耗材年度合同谈判。一家长期合作的供应商按照历史价格报出了 400 万元的价格。

我约请对方谈判，提出了以下三个条件，以换取更低的报价：

- 如果把合同有效期延长至两年，我方的总采购量将会翻倍；
- 如果对方赢得合同，那么这些采购量足够让对方完成代理商的销售任务，拿到品牌返点；
- 如果对方提供更大的折扣，就可以成为我方的战略合作供应商，有新的需求时我方会优先考虑对方。

供应商经过内部商议，同意降价 20%。比起已知的市场价格，这个价格优势十分明显。

但是，我决定继续谈判。

对方一再询问我方的决定，我却表现得不紧不慢，说我们公司还在考虑，想要邀请对方的总经理前来商谈。

在与供应商总经理谈判期间，我了解到供应商因为大量备货，资金周转很慢。于是，我主动提出交换条件，如果对方同意价格再降 8%，我们公司可以提前付款并增加最小起订量，最终对方同意了这个条件。

通过两次利益交换，该供应商累计降价 28%，这就是善用"如果"的结果。

善用受托策略

普通人在逛二手市场时，由于不懂二手货的行情，总是想让卖方先出价，而卖方往往会反过来问买方出什么价，这样来来往往几个回合，如同在打太极拳。

买卖双方之所以会陷入僵局，往往是因为：**卖方希望开出买方能够接受的最高价格，而不希望暴露自己所愿接受的最低价格；买方则希望用最低价格买到最有价值的东西，而不希望暴露自己所愿接受的最高价格。**

因此，在所有谈判中，最困难的事情就是在发现对方底牌的同时很好地隐藏自己的底牌。

如何做到这件困难的事情呢？答案是**善用受托策略**。

一般来说，供应商问价之后，如果采购人员不知道应该如何回答，态度又不敢过于强硬，就可以使用受托策略。

采购人员使用这个策略的主要目的是让自己在谈判中占据优势地位。采购人员所说和所做的一切都是"奉命而为"，背后有一位不露面的"主人"

已经定好了在谈判中必须坚持的条款，例如：

"总经理说了，服务器的单价不能超过 80 000 元。"

"财务规定，账期统一 180 天。"

"法务规定，合同条款只能这样。"

"质量规定，到货必须提供出厂报告。"

"物流要求，交货期不得超过 4 周。"

但是，采购人员在运用这个策略时，也要提防供应商反弹，有的供应商会说："既然你什么都做不了主，不如我跟能做主的人谈。"

因此，在谈判中，只有当采购人员占据绝对优势（例如，供应商急于成交）或者即使没谈成也不用担心（例如，还可以选择和别的供应商成交）时，才能使用受托策略。

当采购人员觉得条件不合适，想要退出谈判时，受托策略还可以提供一个很好的借口，例如：

"老板说再考虑一下。"

"我想从你这里采购，但需要获得质量部的同意。"

"我做不了主，我还得跟项目经理商量一下。"

有人可能会问："实际上我的决策权很大，我的上面没有领导，此时可以使用受托策略吗？"

答案是，你要假装自己不能做主，如果没有领导，就巧妙地虚拟一个。

但是，在使用虚拟委托时，采购人员一定要把握好度，切忌过火，更不能违规操作。

几年前，我管理的采购团队里有这样一位采购员，他每次选定供应商时都会跟落选的供应商说"这是经理的决定"，从不详细说明对方落选的原因。这导致很多供应商绕过他直接问我为什么落选，我开始关注这位采购员。

后来，我发现这位采购员把订单全都给了一家本地供应商，而且很多供应商都投诉他在询价过程中有猫腻。例如，他拿到别的供应商的报价后，让本地那家供应商再降一点价，以便中标。

当然，这位采购员很快便从我的团队中消失了。

总而言之，在需要时，采购人员可以借助领导或利益相关方的力量来压制供应商，以便在谈判中获得优势地位，但千万不能造谣生事，更不能违规违法。

敢于开口砍价

在很早以前，商品定价这个概念是不存在的。但是，随着人类社会的发展，各种规则被建立起来，人们越来越倾向于遵守规则。

从某个角度来说，**一切价格都是人的主观意识的产物**。

大部分人在逛商场时，只要看到商家明码标价，就会下意识地关闭自己的大脑，按照商家标出的价格付款，忘记砍价。

当然，现在很多商场和连锁品牌店都不允许随意降价，但这并不妨碍顾客通过砍价的方式从其他方面获取利益。

前些时候，我去北京的一个商场买鞋。我走进了一家连锁品牌店，这个品牌很有名气，这家店看上去管理非常规范。当我看到"买两双打八折"的牌子时，心里有点犯难，因为我只看中了一双鞋。

按照该店的规则，只买一双鞋是没有任何折扣的，我很不甘心，打算跟店员砍价。

我问："买一双鞋有什么折扣？"

"没有。"店员的回答很干脆。

我也干脆地说："那我就不买了。"

我刚把鞋脱下来，店员赶忙说："给你打个九折吧。"

如果换成别人，听到店员这么说可能已经很满意了，但对我这种"吝啬鬼"来说，拿不到八折就是"吃亏"。

"不行。必须打八折。"我坚定地回答。

"如果你不要发票和保修单，我可以按照八折卖给你，相当于拼单。"

"没问题，你们的鞋质量很好，我不需要这些单据。"

就这样，我因为不愿遵守店铺自定的规则而坚决地砍价，结果又省了几百元钱。

其实，砍价并不是只针对价格，我们可以通过砍价从其他的很多方面获利。

下面是我自己总结出来的"砍价 20 式"，不知道如何开口砍价的采购人员可以借鉴一下。

（1）今天有折扣吗？

（2）按这个价得买一赠一。

（3）如果长期从你这里买，能打几折？

（4）我是新客户，作为见面礼，你得打点折。

（5）预付现金的话，能打几折？

（6）如果你给我 90 天账期，我就同意这个价格。

（7）买展品可以打几折？

（8）再降 5 个点，我马上签单。

（9）我的预算只有这么多。

（10）别人卖得比你便宜。

（11）如果我同意你的设计变更，价格可以降多少？

（12）如果我买你们快要过期的料，价格能降多少？

（13）如果我向别的采购员推荐你的产品，能打几折？

（14）我和你签独家协议，价格再降一点。

（15）如果我负责上门提货，有没有折扣？

（16）如果我今天就下单，但是提货日待定，价格可以维持不变吗？（一般针对钢材等大宗物资，目的是说服供应商先行备库，以防未来涨价）

（17）你报的是目录价，打个折吧。（针对软件类产品）

（18）这是新开发的产品，可能有风险，再打个折吧。

（19）再不打折的话，我就跟别人签单了啊。

（20）让我跟你们老板谈谈。

"唬住"供应商

你有没有发现，生活中处处存在"唬人"的现象？

例如，你去一家公司应聘，该公司的办公室在市中心的 CBD，装修十分豪华，但是给你的工资却不高。

你是否想过，为什么一家盈利能力不够强的公司要花大价钱租位置这么好的办公室并花很多钱装修呢？

这么做的主要目的就是"唬住"客户、员工和供应商。

这样做有很多好处：一是让客户觉得这是一家很有实力的公司，从而提升成交的概率；二是让员工觉得公司很有发展前景，从而更加忠诚；三是让供应商觉得这家公司能提供很好的保障，从而给出最大折扣。

这样做之所以会产生这些效果，主要是因为**人在潜意识里会羡慕比自己更优秀的人，更容易认同这样的人**，常常会不由自主地屈服于、跟随和信任这样的人。

这就如同偶像与粉丝之间的关系。偶像在粉丝眼里往往是完美无缺的，粉丝愿意模仿偶像的言行举止和穿衣打扮。即使偶像不小心犯了错，很多粉丝也会无条件地接纳并维护偶像。

因此，采购人员需要学习一些"唬住"供应商的方法，让对方觉得你十分优秀，打心眼里佩服你，不自觉地屈服于你。这样一来，对方在谈判中就更容易做出妥协和让步。

下面是我总结出来的"唬住"供应商的 16 种手段，供大家参考：

（1）自称必须参加一场重要的会议，让供应商在会议室久等；

（2）会见供应商时，让供应商坐在较矮的椅子上；

（3）安排下属频繁敲门进来请示；

（4）会见供应商的房间温度要么高要么低，要么拥挤要么宽敞，不要让对方感到舒适；

（5）供应商讲话时，自己电话不断；

（6）不停地看表，暗示自己的时间很紧张；

（7）直接把供应商带进自己的办公室谈判；

（8）故意说错对方及其公司的名字；

（9）假装心不在焉地听对方讲话；

（10）把对方递过来文字材料放在一旁，看也不看；

（11）不让对方展示宣传品和样品；

（12）表现得对本次交易能否达成毫不在意；

（13）提到供应商的竞争对手，直呼其老板或高层的名字，假装与其很熟悉；

（14）推崇供应商的竞争对手，赞美其产品；

（15）要求供应商书面提出一切问题，报价必须是最低价，而且报价的机会只有一次；

（16）故意与对方谈论一些能够彰显自身经济实力的话题，例如，打算在职攻读国外名校的 MBA 或 EMBA，计划年底去马尔代夫度假，新款宝马汽车的性能，最近参加的行业高端论坛等。

善用拖延战术

一般来说，在采购谈判中急于取得结果的应该是供应商的销售人员，而不应该是采购人员，因为销售人员往往背着更高的业绩指标，承受着更大的压力。

因此，面对态度强硬的供应商，采购人员要保持定力和耐心，无论对方给出什么理由拒绝降价，都要不为所动，继续拖延。

即使供应商在采购方有"内援"，提前摸清了采购方的底牌，**只要采购人员毫不动摇，不达目标绝不签合同，供应商最后一定会屈服，一定会主动做出让步**。

下面看看采购员小明是如果运用拖延战术在谈判中大获全胜的。

某公司实验室里的一台德国进口的三坐标测试仪发生故障，只能停机。检查后发现测试仪的一个控制模块坏了，需要更换。实验室主任找到厂家授权的售后服务商维修，服务商上门检查后告知维修费用为 31 000 元。

这个金额超出了实验室主任的审批权限，于是实验室主任来找采购员小明，希望他帮忙走个手续，尽快下订单。

小明对这个品类很不熟悉，说自己要调查一下，这让实验室主任眉头紧皱。

"三坐标测试仪的产能紧张，好多产品都在等着终检出货，你要快一些。"实验室主任提醒小明。

很快，小明发现三坐标测试仪的厂家与售后服务商不是同一家公司，双方只是一种委托关系。

于是，机智的小明向德国原厂询问控制模块的价格。原厂的报价是 24 400 元，但是不包含上门安装费，小明心里有了数。

考虑到售后服务商的上门费和车马费，小明预期的维修价格是 25 400 元，因为售后服务商的采购价格一定比原厂的报价低。

经查询，小明发现这家售后服务商还给实验室供应一些耗材。确认完这些信息之后，小明约请售后服务商谈判，售后服务商声称 31 000 元是全国统一价，无法降价。

小明说："如果不同意降价，我就把实验室耗材业务转走。"

考虑到长期合作，供应商只得做出让步，同意打九折，将维修价格降到了 27 900 元。这个价格距离小明的底线还有 2 500 元的差距，小明自然不会同意。

为了让谈判继续下去，小明使出了撒手锏："我知道这个控制单元的采购价格不会超过 24 400 元，而且我近期要采购一批试剂耗材，如果你们答应按照 25 400 元的价格上门维修，我就把试剂耗材订单转给你们。"

"对不起，27 900 元已经是为贵司破例报出的最低价了。"供应商没有答应小明的条件。

小明不达目的誓不罢休，因此表现得非常坚决："那就没办法了，实验室还有备用的三坐标测试仪，我们并不急着维修。"谈判就此结束。

很快，实验室主任气急败坏地来找小明兴师问罪："你知道有多少产品在等着做测试吗？价格差不多就行了，何必那么较真？"

小明不为所动，冷静地说："对不起，供应商的价格不合理，我不能同意。如果你有意见，请找我的经理吧。"

主任拿小明没办法，又觉得为了这点小事找采购经理不值得，只好气呼呼地离开。

三天过后，售后服务商打来电话说经过内部申请，可以按照 25 400 元的价格上门更换控制模组。

但是，谈判并没有结束。

"新的控制模块的质保期是多久？"在价格问题得到解决之后，小明立即抛出了质保问题。

"一年。"

"这是从德国进口的控制模块，一年太短了，我要求增加到三年。"小明立即追加条件。

"就按你说的办吧。"售后服务商缴械投降了。

采购人员在不了解市场情况时，一定要对价格进行调查，防止供应商浑水摸鱼、进行价格欺诈。同时，**采购人员要善用拖延战术，制造出己方不急于购买的假象，让供应商因为急于成交而放弃抵抗，做出更多的妥协。**

从高到低议价

在每一次招标中，通常会有多家供应商报出不同的价格。

如果各家供应商的报价差异较大，便无法形成直接的竞争。在这种情况下，采购人员应该采取何种策略为公司获得最大利益呢？

答案就是**对所有的报价进行排序，按照从高到低的次序与供应商进行单轮或多轮谈判，直到报价最低的供应商没有更多的降价空间为止。**

让我们看看采购员小明是如何使用这个策略成功降本的。

在一次生产设备的招标中，三家供应商 A、B、C 报出了表 5-1 所示的价格。

表 5-1　三家供应商的报价

供应商	报价（万元）
A	100
B	90
C	80

三家供应商的价格相差 10% 以上，也就是说，三家供应商并不构成真正意义上的竞争关系，采购员小明很难拿 A 或 B 的价格去与 C 议价。

于是，小明决定与三家供应商分别谈判。具体的次序是，先与报价最高的 A 谈，再与报价次高的 B 谈，最后与报价最低的 C 谈。

在与 A 谈判的过程中，小明指出 A 的价格最高，如果 A 不在价格、质保和培训等方面做出极大的让步，就会立即出局。

经过一番内部讨论，A 将报价调整为 85 万元，质保两年，每年提供两次免费培训。

看到这个结果，小明不禁高兴地笑了起来。

紧接着，小明约请 B 来谈判。在谈判中，小明透露 A 和 C 的价格都比 B 低，如果 B 不在价格、质保和培训等方面做出极大的让步，就会立即出局。

迫于压力，B 最终的回复是价格降到 80 万元，质保两年，每年提供两次免费培训。

为了节省时间，小明没有再次约请 A 来谈判，而是直接约请 C 来谈判。

C 表示价格真的已经降到底了，一开始他们就想着全力拿下这个业务，因此报价没有任何水分。

谈判经验丰富的小明并不接受这个说法，要求 C 必须在第一次报价的基础上降价，因为"别人的价格很低"。同时，小明要求 C 必须兼顾质保和培训。

C 问："你有指导价吗？"

小明想了想，说："如果价格降 5%，就能弥补你在其他方面的劣势；如果价格降 10%，咱们就可以直接签合同。"

经过内部讨论，C 的最终回复是价格再降 5%，质保三年，每年提供三次免费培训，还赠送一套易损件。

面对如此有利的条件，小明还不满意，他给 C 画了一张大饼："未来我司还会采购更多这样的设备。如果贵司的维修人员到访，我司可以提供免费宿舍，帮你们节省住宿费。"

考虑到小明提出的条件，C 最终答应价格再降 1%。

可见，在与多家供应商进行价格谈判时，采购人员应该按照价格从高到低的次序，向供应商层层压价，就如同大海中的波浪，一浪推着一浪。**通过这种方法，采购人员可以用极低的代价不断压低采购价格，逼迫报价最低的供应商一再让步，在谈判中争得更大的利益。**

与权限更大的人谈判

我曾经负责过一项采购办公设备的任务，当时需要购买 5 台彩色打印机和 5 台工程打印机。

由于批量较大，我想借此机会同时完成耗材（包括复印纸、硒鼓和粉盒等）的降本任务。

在这块业务上，公司有一家长期合作的代理商。我在明确了所有需求之后，并未急着向代理商询价，而是找同行打听其他公司的打印机和耗材价格，并在网上查询价格。在掌握这些信息之后，我开始向代理商的销售人员询价。

很快，销售人员按照历史价格把价格报了过来。

我立即通过邮件回复："我司对打印机的需求正在逐年增加，而你们的报价毫无诚意。"

销售人员立即表态说愿意跟原厂申请降价。第二天，销售人员邮件回复："可以降价 5%。"

我不可能接受这一点点让步，于是，我提出停止与对方谈判，要求与其总经理谈判，理由是我方的采购量很大。

在电话谈判时，代理商总经理表态说，目前的价格已经是最低价，没有利润了。我立即把事先准备好的网上报价拿出来，要求对方在当前价格的基础上再降 10%。在这个过程中，我还使用了一个小技巧，我告诉对方自己需要马上挂掉电话，因为有新的供应商上门商谈打印机采购事宜。

"那家供应商非常想做成这一单。"我故意这么说。

代理商总经理听说有人抢单，立即同意价格再降 10%，但是我仍然没有成交的打算，我要求办公耗材和打印机配件的价格也要降 5% 并且每年提供一次免费的检查服务。

最后，在我刻意制造的强大压力下，代理商总经理妥协了。打印机的价格累计下降了 15%，办公耗材和打印机配件的价格下降了 5%，我们公司还得到了每年一次免费的检查服务。

虽然打印机不经常买，但是办公耗材降价的意义重大。通过与代理商总经理直接谈判，我为公司每年节省了耗材支出 60 万元。

这就是采购谈判的重要战术：**在己方占据优势的情况下，采购人员可以要求供应商一方级别更高、权限更大的人参与谈判，迫使其做出更大的让步，为己方赢得更多的利益。**

知己知彼，百战不殆

在谈判中，双方的博弈归根结底是信息的博弈。

在谈判前，哪一方获得了更多的信息，哪一方就能在谈判中占据优势。

在谈判前，采购人员应该对供应商的背景（包括企业文化、组织架构、财务状况、信誉、所处行业、行业排名、核心产品及相关新闻等）和谈判人员（包括能力、威信、权限、经验及准备情况等）进行调查，根据实际情况预设理想的谈判结果；在谈判中，采购人员应该与供应商进行充分的利益交换，以便占据主动，赢得谈判。

下面讲一个我的朋友从国外供应商采购坚果的故事。

这家供应商的品牌影响力全球第一、销量全球第二，销售团队的成员都是精英。看出朋友有意采购之后，对方的销售人员故意表现出不积极的样子来迷惑我的朋友，让他以为自己在谈判中居于绝对劣势。

不过，我的朋友从其他业内人士那里打听到，该供应商在一年前投资了一家新工厂，设备是世界一流的，生产效率非常高，产品质量也特别好。

不过，因为受到某些意外因素的影响，新工厂的开工率不足 20%，朋友公司第一年的订单量相当于新工厂产能的 5%。考虑到后续的采购量，将来朋友公司的订单量可以达到新工厂产能的 40%。该供应商在其他产品上已经与朋友公司建立了合作关系，如果把这些采购量算上，朋友公司的采购量在供应商的所有客户中绝对能排进前 10 名。即使谈判没有结果，朋友公司也有其他供应商可选，只是其他供应商的设备老旧一些，产品质量没有那么好。

经过以上分析，我的朋友认为自己在谈判中是占据优势的，所以坚持要求该供应商报出市场最低价。

我的朋友对该供应商的新工厂相当了解，这让他们的销售人员十分惊讶，再加上我的朋友不断地压价，反复强调对方不报出市场最低价就不下订单，最后对方只能妥协，报出了市场最低价。

这个案例告诉我们，**采购人员在谈判之前要以"知己知彼，百战不殆"为原则**，通过多种渠道打听关于供应商的各种信息。如果能在谈判之前获得足够的信息，就能在谈判中看穿供应商的伪装，为己方赢得最大利益。

采购谈判实战案例

陆游在一首诗中写道：**"纸上得来终觉浅，绝知此事要躬行。"** 这句诗的意思是，从书本上得到的知识给人带来的提升是有限的，要想真正掌握知识，就必须亲自动手实践。

很遗憾，我无法手把手带领大家进行采购谈判模拟训练，只能通过文字分享 37 个具有代表性的采购谈判实战案例。

为了增加案例的趣味性，我在大部分的案例中引入了一位主人公——采购员小明，并以案例小结的形式总结了每个案例的精髓。

希望大家认真研读和思考这些案例，尽快掌握案例涉及的方法和技巧，并将其应用于实际工作，真正做到学以致用。

第6章　主动出击

本章将介绍 13 个具有代表性的采购谈判实战案例。在这些案例中，采购人员采用了不同的主动出击的方法，在谈判桌上迫使供应商不断地做出妥协，取得了理想的谈判结果，这些方法值得大家学习和借鉴。

本章将解答采购人员普遍关心的下列问题：

- **在采购谈判中，如何恰当地回答供应商销售人员所关心的问题并破解他们惯用的谈判手段**？
- 在采购谈判中，应该在何时提出什么样的有利条件？
- 在采购谈判中，能帮助己方实现持续降本的方法有哪些？
- **在采购谈判中，有哪些容易被忽略但能给己方带来利益的因素**？
- 如何借助领导的力量迫使供应商进一步降价？
- 进行多轮谈判时应该注意什么？

主动提出有利条件（一）

天波公司是一家快速发展的高科技股份制企业。

小明是天波公司采购部的一名非常善于谈判的采购员，目前负责 CNAS 认证证书的中介服务采购任务，公司要求必须在一个月内拿到证书。

在谈判时，供应商的销售代表首先提出了 9 万元的报价，分三次付款，三次的付款比例为 40%、40% 和 20%，服务内容按照约定来，取证时间只能尽量保证。

听完销售代表的描述，小明在心里盘算：目前没有市场参考价，无法评估对方报价的合理性，但绝不能接受供应商的首次报价。

小明首先对销售代表表示感谢，接着话锋一转，声称对方的报价高于市场价，已方无法接受，如果对方诚心合作，则必须立即降价。

销售代表笑了笑说："报价已经很低了，考虑到这是我们的初次合作，我们可以优惠 1 000 元。"

看到销售代表只是象征性地降了一点价，小明说："我们的合作不是一锤子买卖，我司在行业内有一定的知名度，有很多同行会来我司访问交流，我们可以利用这些机会帮你们做推广。你再算算多少钱合适？"

销售代表改口说："最低 85 000 元，低于这个价就绝对不能做了。"

小明立即说："我们不能接受这个价格，你们还需要继续降价。"

销售代表无奈地说："我们确实是考虑到长期合作才将价格一次降到底的。"

见到销售代表没有降价的动力，小明主动提出有利条件："我司需要做年检的设备有很多，这块业务将来也可以委托给你们，这样我们就可以建立战略合作关系。"

销售代表当场向领导申请，领导同意把价格降到 8 万元。

至于付款方式，小明以加快项目进度为由，与供应商约定按照 30%、30% 和 40% 的比例分三次付款，并且在合同上增加了惩罚条款——"若因乙方原因导致晚于下月末拿证，每推迟一天按照合同金额的千分之五罚款"。

虽然这是一场速战速决的谈判，但小明圆满地完成了任务。

案例小结

在谈判中，当己方占优时，采购人员要做到以下三点：

- 速战速决，不要留给供应商过多的考虑时间；
- 适时地放大自身优势，为供应商提供更多的机会，以换取更低的价格；
- 在供应商降过几轮价之后再进行最终的谈判。

表 6-1 列出了采购人员在谈判的各个阶段可以使用的技巧及常用的谈判话术，它们可以帮助采购人员恰当地回应供应商的销售人员提出的问题，从而赢得谈判。

表 6-1　在采购谈判的各个阶段可以使用的技巧及常用的谈判话术

阶段	谈判技巧及话术
谈判之前	收集信息，包括但不限于历史价格、市场价格（最好有可供参考的供应商报价单和报价分解）、全年的需求量、己方的预期价位和降本指标
谈判开始	明确告知供应商报价过高，必须降价，因为"别人的报价都比你低"
谈判开始	强调公司领导很关注这个价格，而且有很多供应商正在与己方洽谈
谈判中	供应商以利润低为由，不同意降价。 **应对话术**："市场竞争激烈，价格非常透明，希望贵司再努力一下，配合我们完成降本任务，这样才能在市场中共赢。"
谈判中	供应商以某部件工艺复杂为由，不同意降价。 **应对方法**：让供应商详细说明工艺的复杂之处，做好记录，与设计人员沟通改进方案；同时引导供应商采取薄利多销的策略，承诺与对方一起持续改进设计和工艺流程
谈判中	供应商以付款不及时为由，不同意降价。 **应对方法**：明确说明双方应该互相支持。只要对方降价，己方就优先安排付款，形成正向合作，承诺不会让优秀的供应商为难
谈判中	供应商询问是不是每年都要降价。 **应对话术**："每年都要降价不是我司的要求，而是市场的需求，这可以持续推动设计优化。否则，大家都会失去前进的方向，最终被市场所淘汰。"

（续表）

阶段	谈判技巧及话术
谈判中	供应商说给别的客户报的价更高，不同意降价。 **应对话术：**"我经常跟公司的销售人员交流，我发现，比较不同客户的价格是没有任何实际意义的，因为不同的客户代表着不同的市场需求，而我们必须迎合市场需求。"
	如果经过以上谈判，供应商仍然不同意降价，采购人员就要以延长账期为条件再次与供应商谈判，要求供应商要么降价，要么延长账期
谈判之后	给供应商时间考虑，表现出不急于成交的态度，令供应商觉得不是非我莫属；同时，采购人员要充分利用空档时间与其他供应商谈判
	供应商询问何时发出订单。 **应对方法：**保持平和的心态，用沉稳的语气说领导正在考虑几家供应商的报价和方案，很快就会做出决定，令供应商产生危机感；再次提及保障付款等条件，打消供应商的顾虑，以便拿到更低的价格

注：表中的大部分内容由杨帆女士提供，特此致谢。

主动提出有利条件（二）

天波公司需要购买一台炉子用来焚烧废弃物。

供应商A是天波公司自打建厂起就一直合作的老供应商，彼此都很了解。

采购员小明把工艺部提供的图纸和验收标准提供给A后，A很快发来了报价——150万元。经过一轮谈判，A把价格降到了120万元，而且明言无法再降了。

小明很了解A的情况：规模小、刚成立没几年、知名度不高、现金流压力大，但是质量稳定、售后服务好。继续从该供应商处购买炉子有利于天波公司进行统一管理，毕竟公司已有多台A的炉子。

但是，小明的预期价格是100万元以内，与120万元相比还有不小的差距。

于是，小明主动提出了以下四点：

- 价格仍有水分，如果无法把价格控制在 100 万元以内，我方将引入二供；
- 作为科技型企业，天波公司每个月都会有很多政府部门、研究院的人员前来参观，届时可以帮忙推广 A 的产品；
- 已有人推荐新的供应商；
- 要求 A 按照 "361"（即按照 30%、60% 和 10% 的比例分三次付款）和 "631"（即按照 60%、30% 和 10% 的比例分三次付款）的付款方式分别报价。

迫于压力，最终 A 按照 "631" 的付款方式报出了 99.5 万元的价格，满足了小明的要求。

案例小结

在谈判中，当己方占据绝对优势时，采购人员可以充分利用自身的条件，提出最有利于己方但又不至于让供应商想要断绝合作关系的提议；不要与供应商纠缠不清，也不要耗费时间进行多轮谈判。

采购人员不能轻信供应商的话，要让供应商经过艰苦的思想斗争后接受更低的价格，以最小的代价为公司换取最大的利益。

避免信息模糊不清

天波公司需要采购一项设计外包服务，采购员小明提交的比价表简单而又明确，如表 6-2 所示。

表 6-2　设计外包服务比价表

供应商	报价（万元）
A	60
B	80
C	100

A 的设计费只有 60 万元，远低于 B 和 C，小明理所当然地推荐了 A。

"你就不怕 A 笑里藏刀？"采购经理笑着问。

"什么意思？"小明不解。

"如果研发部申请设计增项，A 狮子大开口，你该怎么办？那时我们就不可能更换供应商了。"采购经理一语道破。

"还会这样？"小明没有想过这个问题。

"我给你讲讲吧。设计外包是一种较为复杂的服务品类，主要有三大难点，一是接收标准不明确，二是需求变更频繁，三是价格不透明。设计服务不同于产品，它是无形的，供应商的成本主要是人工费和管理费，供应商的盈利也来源于此。比较总价是没有太大意义的，应该比较不同供应商的工时费。"

"这样做的确万无一失，采购员也排除了'背锅'的可能性。"小明点头称是。

于是，小明邀请 A 的销售人员前来谈判。

"为什么要我们报工时费？"销售人员佯装不解。

小明心想，你这是大智若愚啊，笑着说："如果有增项，我们依据什么结算呢？"

销售人员的脸上露出稍许慌乱，他没想到对面的这个采购员如此有心机，居然看破了他们设下的陷阱，但仍然镇定地说："我们会提供相同的折扣，放心吧。不报工时费了，我也不知道怎么报。"

在谈判中一定要避免信息模糊不清，小明心想。

"不知道怎么报？那我要请教一下，你们内部是怎么核算成本的？"小明笑容可掬。

销售人员心想，看来瞒不过小明了。

"好吧。"销售人员终于表态，"工时费是 300 元 / 小时。"

"嗯，你们要派外籍员工来吗？"小明笑着问。他事先做了调查，300 元 / 小时是外籍设计师的价格。

销售人员一时语塞，他所有的招数都被小明看破了。

"那你说怎么办吧。"销售人员有点缴械投降的意思。

"200 元 / 小时，公平合理，你亏不着。"其实小明早就心中有数了。

思考片刻之后，销售人员开口表态："好吧。按这个价格成交的话，我们其实不赚钱。我们主要是想跟贵司建立长期合作关系，把这个项目作为进入这个市场的敲门砖。"

"没问题，我们来日方长。"小明笑道。

案例小结

很多供应商在谈判时会使用低价策略，这背后往往有事先设计好的圈套。如果采购人员不认真调查、分析供应商的报价，就很可能上当受骗。如果采购人员已经完全摸清了供应商的底，做好了充分的准备，就可以在谈判中发现供应商的不合理要求，迫使供应商不断地做出让步，取得自己想要的结果。

"剥洋葱"策略（一）

在某段时间，天波公司某些产品的产能过于饱和，需要外协部分加工件。

采购员小明找到两家供应商 A 和 B，在了解清楚它们的产能情况之后，同时下发图纸，请 A 和 B 报价。

A 的报价是 500 元 / 个，B 的报价是 650 元 / 个。

在之前的合作中，A 的产品质量没有保障，而 B 的产品质量和交期都不错。

但是，小明并没有急于约请 B 谈判，因为在了解产能情况时，小明发现 B 的生产不忙，他断定只要有业务，B 就一定会来争取。

仅过了一天，B 的销售人员便打来电话咨询报价情况。

小明心里有底了，说："贵司报价太高，我无法接受啊。"

销售人员赶忙说："天波公司是我们的老客户，再给你优惠一些，600 元 / 个是否可以接单？"

小明利用还价来镇住对方，说："480 元 / 个能不能做？"

闻听此言，电话那头的销售人员忙说："没有利润，不能做。没有利润的生意宁愿不接。"

听对方说没有利润，小明决定使用"剥洋葱"策略，让对方把成本分解表报过来。

小明发现检测费用为 100 元 / 小时，检测时间为 4 小时，于是再次给 B 的销售人员打电话："别家的检测费用都是 60 元 / 小时，检测时间也是 4 小时，仅这一项就相差 160 元，为什么你们在这一块的报价比别人高？"

销售人员很无奈地说："没有办法，因为我们是有质量保证的，单价太低没法做。"

小明保持坚定的决心，不为所动，接着说："别家刚才打电话给我说可以接单，而且480元/个都能做，你家的单价太高了，我实在不能接受。"

小明尝试使用利益交换的方法，试探说："如果你家的单价足够低，我们后续合作的机会将会越来越多，这也可以增加贵司的销量。"

销售人员立即说："我马上跟老板申请一下价格，很快回复你。"说完就挂掉了电话。

过了半个小时，销售人员给小明打电话说，此单可以按480元/个的价格接，但是后续如果还是这样的单价，就没办法继续合作了。

小明当天就把订单下给了B。

案例小结

在谈判时，采购人员的还价要足够低，但要做到言之有理；在交换利益时，一定要讲条件。

采购人员在确定供应商产能过剩、急需订单的情况下，可以在谈判中采用"剥洋葱"策略，找出供应商报价中不合理的地方，迫使供应商不断地降价，以取得最大的降本业绩。

"剥洋葱"策略（二）

采购工作就是这样，往往一波未平、一波又起。

这不，刚刚谈完外协加工，项目经理又来找小明求援："供应商的活已经干完了，但是预算不够，应该怎么办呢？"

"相差多少？"小明问。

"10%。"项目经理一脸愁容。

小明立即开始思考可行的方案，分析来分析去，无非是以下三种情况。

方案一：强迫供应商接受。

可能的结果是：

- 向供应商承诺将来可以得到更多的业务，但是，撒了一个谎之后要再撒十个谎来圆谎；
- 威胁供应商不同意就一分钱不给，但这样做容易引发法律纠纷；
- 坦诚地说项目没有规划好，预算不够了，但是绝大多数供应商都不会接受。

结论：不可行。

方案二：帮供应商说话。

可能的结果是：

- 项目经理勉强同意，但是怀疑小明跟供应商有猫腻；
- 项目经理责备小明，回头还得硬着头皮跟供应商谈；
- 项目经理向采购经理投诉小明。

结论：替供应商求情是采购人员做内部沟通时最大的忌讳。

方案三：与供应商分项议价，调查真实的成本。

这看起来是最可行的方案。

这是一个实验室的装修项目。在拿到供应商的分项报价后，小明逐项询问，发现备件、喷漆的价格和安装费均高于市场价。在谈判中，供应商虽然提出了自己的理由（例如，备件需要手工制作，喷漆要求太高等），但还是做了适当的让步，同意整体降价 7%，如表 6-3 所示。

表 6-3　第一次分项报价结果

分项	初次报价（元）	当前价格（元）	降价原因	价格分析
备件	60 000	55 000	玻璃利润过高	大量手工制作，价格是量产件的 1.5 倍
假墙	20 000	20 000	—	要求高，价格合理
喷漆	10 000	9 000	谈判	喷漆要求太高而且需要插单
安装	10 000	9 000	谈判	50 个小时，有价格削减空间
合计	100 000	93 000	—	—
降价比例	—	7%	—	—

因为每个分项的价格都有依据，项目经理没有提出太多的疑问，但是仍然对结果不满意。基于这种情况，小明决定做二次分项议价，再次针对价格不合理的地方与供应商进行谈判。

经过商谈，第二次分项报价结果如表 6-4 所示，刚好实现了降价 10%。

表 6-4　第二次分项报价结果

分项	初次报价（元）	一次议价（元）	二次议价（元）	价格分析
备件	60 000	55 000	54 000	大量手工制作，价格是量产件的 1.5 倍
假墙	20 000	20 000	19 000	要求高，价格合理
喷漆	10 000	9 000	9 000	喷漆要求太高且需要插单
安装	10 000	9 000	8 000	50 个小时，有价格削减空间
合计	100 000	93 000	90 000	—
降价比例	—	7%	10%	—

"为什么我去谈的时候，供应商总是拒绝降价，而你却能谈成呢？"项目经理大为不解。

"你必须找到价格不合理的根源，然后利用'剥洋葱'策略深挖，这样才能发现更多的降价机会,在谈判中占据优势。"小明回答。

"但是,使用这招有一个前提……"小明卖起了关子。

"洗耳恭听。"项目经理的耳朵快要竖起来了。

"那就是供应商还想与我们长期合作。"小明说出了答案。

案例小结

"剥洋葱"策略即要求供应商分项报价,这是一种贯穿于采购商务工作全过程的"万能"方法,只要供应商有长期合作的意愿,采购人员就可以不断地要求供应商提供更加详细的分项报价,并在分项报价中发现不合理的地方,然后通过谈判取得更加合理的价格。

汇率是个撒手锏

有一段时间,美元对其他货币不同程度地贬值,这给其他国家的制造业造成了一定的冲击。

天波公司也不例外。这不,一家日本供应商主动找上门来,要求涨价。

这家供应商是生产高精密铸件的。该铸件致密性好、表面光滑,可以兼顾结构和外观的要求,散热效果也很不错。天波公司与该供应商的业务是通过一家贸易商社进行的。

供应商通过贸易商社向采购员小明传达了涨价 10% 的要求。

由于该部件的供货量较大、占产品总成本的比例较高,暂时也没有替代供应商,所以小明对此事极为重视,立即邀请贸易商社和供应商派代表来天波公司召开三方会议。

在会上,小明首先询问涨价的原因,供应商代表说主要是因为铝锭的价格涨了 10%。小明立即问："铝锭成本占价格的百分之多少？"

供应商代表老老实实地回答："占 70%。"

"奇怪，如果是这样，那么价格应该上涨 10% × 70%=7%，而不是 10%。"

经过短暂的内部沟通，供应商同意将涨价幅度由 10% 改为 7%。

看到供应商同意让步，小明接着问："我们三家是长期合作的关系，在铝锭价格下跌时，我司没有要求过降价，现在价格上涨了，是不是应该三家共同承担呢？为什么要由天波公司独自承担呢？"

看到供应商代表和商社代表沉默不语，小明厉声说："有一家欧洲供应商找过我，当时我为了遵守与贵司长期合作的承诺没有引入他们。我希望你们也遵守承诺！"实际上，小明手上并没有备选供应商，他这么说只是为了让谈判对手认为他们需要与其他供应商竞争，以便在谈判中占据主动。

"稍等，我们商谈一下。"商社代表立即回答。

30 分钟后，商社代表和供应商代表都表态说同意三家共同承担。这样一来，天波公司只需要承担 2.33% 的涨价，而不是 7%。

小明对这个结果仍然不满意，接着说："你们现在一定有原材料或成品库存，也就是说，涨价时间不应该是现在，而应该是几个月以后。我提议，涨价时间定在 3 个月后。"

听到这里，供应商代表有些坐不住了，急忙解释道："商社与我司是用美元结算的，而我司是用日元买原材料的。由于日元升值、美元贬值，我们在汇率上已经有了较大的损失，因此希望立即执行新的价格。"

小明之前不知道这个情况。天波公司一直用人民币与商社结算，小明以为商社是用日元与供应商结算的，如果商社使用美元与供应商结算，那么这里面就有说道了。

因为美元正在对人民币贬值，所以商社这两年其实趁着汇率变化额外赚了一些钱。但是，商社给供应商的美元价格不变，在日元对美元升值的情况下，供应商就会亏一些钱。怪不得原材料一上涨，供应商便要求涨价，而且要求上涨 10% 而不是 7%。

想到这里，小明终于明白了这里面的关系：原来在两头的天波公司和供应商都被蒙在鼓里，都吃了亏，而在中间的商社却在闷声发大财。商社把赚钱的机会都留给了自己，供应商一看到成本上涨，就想把成本压力转嫁给客户。

想清楚之后，小明抬眼看了一下商社代表，对方的脸色很难看。

"现在咱们需要谈一下了，请供应商代表回避一下。"小明说。

"在过去一段时间，你们利用汇率差在两边至少多赚了 6%。现在，我这边 2.33% 的成本分摊需要由你们来承担，否则我就告诉供应商我们之间是用人民币结算的，而你们在中间赚大钱。"小明把话挑明了。

"我们愿意承担。"商社代表自知理亏，只能硬着头皮答应。

案例小结

通过抓住供应商在不经意间透露的信息，小明发现了汇率对成本造成的影响，发现了贸易商社的秘密，在谈判中重新占据了主动地位，帮助公司规避了价格上涨的风险。这是一场十分精彩的谈判。

这个案例给我们的启示是，**在赚钱时，供应商往往会闷声发大财；在赔钱时，供应商往往会找各种理由涨价**。因此，采购人员不能只看一时的行情，而要多从几个维度考虑。处理进出口贸易时，采购人员一定要了解不同币种之间汇率的变化，掌握供应商到底是在赚钱还是赔钱，尽可能为公司省钱。

不要轻信供应商

天波公司有一个新开发的产品需要定制一种特殊的透明胶。

很快，采购员小明找来了四家供应商 A、B、C、D 报价，四家供应商的报价、测试情况和日产量如表 6-5 所示。

表 6-5　四家供应商的报价、测试情况和日产量

供应商	报价（元 / 卷）	测试情况	日产量（平方米）
A	7	测试报告已过期	6 000
B	8	无报告，但可制作	3 000
C	6.3	有报告但测试不完整	4 500
D	6.5	测试报告完整	5 000

综合考虑报价、测试情况和产能的匹配性之后，小明决定邀请 D 面谈。

在谈判之初，D 坚持不降价，并反复强调以下三点：

● 该产品是根据天波公司的要求精准定制的，报价极为合理，没有降价空间（D 还向小明展示了成本分析报告，以证明所言不虚）；

● 研发成本高，样品制作周期长；

● 本司制造经验丰富、质量可靠，能够满足客户对产品的要求。

在认真听取了 D 的发言之后，小明觉得 D 所言在理，也很有依据。但是，小明立即提醒自己，采购人员不能轻信供应商，否则供应商将在谈判中占据主动地位。

小明心想，自己要从供应商刻意营造的氛围中跳出来，然后把供应商带入自己营造的氛围中。

稳住神之后，小明立即从以下六个方面回击，力图说服供应商：

- 重申己方对材质、质量和交期的要求，告诉对方满足这些要求并不困难，其他供应商也在竞标；

- 将 D 之前供应的价格较低的透明胶拿出来，与现款做对比，询问两者的差别是什么、在成本上有何不同；

- 当场翻阅其他厂商的报价单，说别的供应商报价更低，要求对方至少再将单价降 1 元；

- 告诉 D 产品的终端客户在德国，下个月就会到厂访问，届时天波公司会向德国客户介绍 D 的透明胶，这是 D 扩大业务规模的潜在机会；

- 告诉 D 当前的采购量只能满足产品试制阶段的需求，后续每个月会有至少 50 000 平方米的采购量，占 D 总产能的 30% 以上；

- 告诉 D 如果不接受己方的预期价格，己方将立即与其他供应商谈判，取代 D。

经过多次周旋，最终的成交价格降至 5.85 元 / 卷，在后期购买量达到 50 000 平方米 / 月后，价格将进一步降至 5.5 元 / 卷。

案例小结

在谈判中，即便供应商真的言之有理，采购人员也不可轻易地信服，而应迅速从供应商刻意营造的氛围中跳出来，营造出有利于己方的谈判氛围，夺回谈判的主导权。

如果你相信供应商更有力量，那么供应商就真的会变得更有力量，这会影响谈判的最终结果。正确的做法是，采购人员要主动提出对己方有利的条件，让供应商相信己方更有力量，从而在谈判中占据优势地位。

对现有产品降价

为了完成降本指标，采购经理要求将一些进口产品国产化，其中的一个机械阀由采购员小明负责。

此零件一直由日本供应商供应，并不复杂。在天波公司的合格供应商库中，有多家国内供应商备选。但是，由于涉及密封的知识产权，而且该知识产权为日本供应商所独有，因此国产化的唯一选择就是日本供应商的国内工厂。

小明不死心，仍然要求国内供应商提交替代方案，以规避知识产权问题。不过，这些方案都被研发部一一否决了，研发工程师害怕这会给产品带来功能或质量风险。

天波公司提出国产化的要求之后，该机械阀的价格必须从 28 元降到 24 元以下。日本供应商的国内工厂的首轮报价是 25.5 元，其他国内供应商的报价是 22 元（但研发工程师不予考虑）。

如果价格高于 24 元，小明肯定不能接受，于是小明要求日本供应商更新报价。

在此期间，日本供应商开始拐弯抹角地打听项目信息，还问会不会因为知识产权问题必须要用他们的产品。小明镇定地否认了这种说法，并通过邮件回复："其他供应商的报价是 20.5 元，故不会考虑贵司。"（这里用到了谈判战术"用你的还价镇住对方"。）

双方前后沟通了近一个月。在此过程中，小明了解到，因为某些因素的影响，日本供应商的国内工厂的业务量下滑很快，所以他们迫切地想要得到这个项目。之后，可能是因为有内部人员泄密，所以日本供应商主动把价格降到了 24 元。

这让小明非常震惊。出于维护采购部门尊严的目的，小明拒绝将机械阀交给这家供应商做,把此事暂时搁置,忙别的事情去了。

又过了一段时间,日本供应商开始焦虑,主动提出希望以现场开标的方式速战速决。小明当然不会任由他们摆布,继续要求他们降价。

在此期间,日本供应商每天都给小明打电话,目的是打听目标价是否为24元。小明保持坚定的决心,告知对方,之前说的20.5元就是目标价。

于是,供应商申请召开电话会议,以便商谈价格。在电话会议中,供应商并没有表态说能否再次降价。不过,两天之后,供应商回复,价格可以降到23.3元。

看到价格已经低于目标价,小明决定进入最终谈判环节,并邀请日本供应商的总经理参与最终的电话谈判。在谈判中,小明发现日本供应商总经理急切地想要拿到项目,于是提出,如果将之前已经量产的某个产品的价格再降5%,就可以立即签合同。

日本供应商总经理在电话里直接答应了。

案例小结

在谈判中,采购人员绝不能让供应商知道自己是独家供应商,否则供应商将占据绝对主动。采购人员绝不能任由供应商或"内鬼"摆布,如果暂时达不到目的就使用拖延战术。在供应商询问目标价时,采购人员的还价要极低,同时始终保持坚定的决心,要求与供应商一方权限更大的人谈判。

当供应商迫切地想要接单,但在标的物上已无力降价时,采购人员不要忘记要求供应商对正在供应的其他产品降价,为公司争取额外的利益。

指责"假想敌"

有一段时间，天波公司的很多供应商都出现了工人短缺且人工成本上涨的问题。

有一家供应商的产品全靠人工组装，所以该供应商受到的冲击很大，该供应商向采购员小明提出了涨价 10% 的要求。

小明立即开始分析该供应商的情况。这是一家合作时间很长的供应商，在交期和质量等方面的表现都很稳定，但它只有天波公司这一家客户，而天波公司有不少备选供应商，而且天波公司还能自制该组件。很显然，在谈判中，天波公司占据绝对优势。

为了给供应商留点颜面，小明打算采用"假想敌"策略，他约请供应商来现场谈判。

供应商那边本来准备了一堆理由，如劳动力短缺、房租和人工费都在上涨等，以此证明目前这个价格已经撑不住了。但是，未等供应商开口，小明便说："这两天真是气坏了！"

"为什么？"供应商好奇地问。

"最近纸浆价格暴涨，供应商跟风要求涨价，领导不同意，我只能更换供应商，结果一询价，价格还能降 5%！"

"怎么会这样？"供应商很惊讶。

"你看，之前在纸浆价格下跌的时候，我司并没有要求纸箱厂降价，因为我司把供应商视为合作伙伴。但是，现在纸浆价格涨了，纸箱厂居然根本不体谅我们，不愿与我们共渡难关，你说气人不气人？"

"人家也有难处啊！"供应商有点同病相怜的意思。

"关键是，有别的纸箱厂愿意做进来啊。之前考虑到长期合作的关系，我没有联系过别的纸箱厂。结果一联系，原供应商的问题就暴露出来了——

规模太小，成本管控不严，价格还比别家高。最后，这家供应商把苦心经营多年获得的业务全都丢掉了。你说值得不值得？"小明暗中打量供应商，观察对方的反应。

"你们不考虑多年合作的情分吗？"供应商马上就明白了小明的意思，但仍然没有放弃涨价的想法。

"我们经理的态度很明确。我们只保留愿意和我司共渡难关的供应商。对于这种供应商，我们可以做到不离不弃。做不到的供应商将立即被换掉，我们甚至可以考虑**自制**。"小明故意强调了"自制"这两个字。

"你们有你们的道理，我懂了，那我也没有什么可说的了。之前的涨价函作废，我们愿意与你们共渡难关。"供应商脸上露出为难的表情。

"感谢您的理解。"小明赶紧给对方一个台阶下，"现在大家都很难，但是只要再坚持一下，一切都会重回正轨。我会把您的好意转达给我们经理，也不枉您专门来这一趟。"

"非常感谢！"供应商起身离去。

案例小结

在谈判中，如果采购人员发现己方占据绝对优势，又想要维护与供应商的长期合作关系，就可以采用指责"假想敌"的方法，在维护供应商尊严的情况下婉转地劝说供应商主动让步，使双方的合作关系得以延续。

力量只存在于头脑之中

这几天采购员小明的精神有些恍惚。

"事情好像总是不顺利，老问题还没解决，又出现了新问题。"小明叹息。

每次想到独家供应商 A 的销售总监的要求——罚则对等，小明便会陷入深度焦虑之中。

原来，A 的供货绩效一直不好，导致天波公司经常因为不能按时交货而被客户罚款。总经理终于忍无可忍，责成采购部将客户的罚款转嫁给 A。

在第一次谈判中，当小明提出罚款时，A 的销售总监出人意料地同意了，但随即提出了一个附加条件——罚则对等，意思是将来如果天波需要紧急发货，则必须支付与罚金相等的加急费。

从双方的力量对比来看，因为知识产权共享和价格竞争力等问题，所以 A 难以被替代，天波公司并不占上风。

在这种情况下，供应商提出罚则对等，貌似理所当然、公平合理。

但是，这件事情已经引起公司高层和采购经理的高度重视，他们一定不会同意这样的条款。

"实在没办法了！要不，向采购经理汇报一下？"小明想要放弃努力。

但是，他想到了经理在部门会议上说过的一句气话："如果所有问题都需要我来解决，那么我要你们干什么？"

如果自己把难题丢给采购经理，那么无论最终的结果如何，自己都不会获得加分，而且经理一定会觉得自己能力不行或者推卸责任。总之，不到万不得已，不能寻求经理的帮助。

这时，小明想到了谈判高手的十大心智模式之一——"力量只存在于头脑之中"。在对方不知道己方底细的情况下，采购人员要善于"造势"，让对方觉得自己并不依赖于对方，从而在谈判中获得最大的利益。

于是，第二次谈判开始了。

"张总，想喝点什么？"小明请 A 的销售总监落座后，礼貌地问候。

"不用客气了，小明，我自己带水了。"张总早有准备。

"上次说的罚款的问题引起了我司高层的重视,我们希望贵司尽快做出承诺。"小明的语气很强硬。

"另外,我司从来没有跟任何供应商签过所谓的对等罚则,所以不会同意贵司的要求。"小明先来一个下马威。

张总面有怒色,一字一顿地说:"我司一直把贵司视为愿意与供应商共同成长的战略合作伙伴,因此一直都很重视贵司的业务。如果贵司只是想要剥削供应商,那么我司一定会调整销售策略。"

小明的三板斧被老练的张总化解了。张总毕竟是老销售,他压根就没把小明放在眼里。

"既然今天请您过来,我司就是想要诚心诚意地与贵司充分沟通、解决问题,为更好的合作打好基础。"小明把话接过来,缓和了一下气氛。

"但是,如果你们不答应,我只能郑重地通知,贵司的某些订单很快会被停止。这不是我一个人的决定,而是公司高层的决定。坦白说,我们已经找到替代的供应商了。"小明开始使用受托策略。

听到这里,张总脸上闪过了一丝慌乱。他仔细地打量着眼前这位年轻的采购员,想要找到破绽。

小明心里七上八下,但因为长相成熟,容易获得别人的信任,张总没能发现破绽。

"您说的意思我明白。这样吧,我跟老板申请一下,但是下不为例。"很明显,张总临来之前已经跟老板定好了谈判的底线。在小明刻意营造出的氛围下,张总最后只能妥协。

"请您现在就打电话吧,因为公司要求今天就得出结果。"小明趁热打铁,要求张总立即落实。

"好,我现在就告诉你,我们答应。你们从货款里扣那5万元罚款吧。麻烦你写个字据,我签字。"张总无奈地笑了,因为他被小明逼得露了老底。

"我马上准备。以后你们要好好表现，从成本到供货都需要提高，否则很危险啊！"小明继续敲打对方，不让对方摸清他的底。

"好，我会向内部传达，吸取教训，给你们更好的支持。"当一个人的心理防线被攻破之后，什么条件都会接受。

张总走后，小明深深地呼了一口气，感到从头到脚都解脱了，就像是熬过了漫长而又寒冷的冬季，重新生活在春暖花开的世界里。

案例小结

当采购人员的"造势"能力达到一定水平时，就可以充分运用"力量只存在于头脑之中"这一心智模式，声称已有备选供应商，马上就可以切换，以此削弱供应商的力量，迫使难缠的对手让步。

强调利益绑定

在一次由某政府部门主导的液流电池项目招标中，天波公司一举中标，合同金额为 20 亿元，但签约的单价比市场价低 10%。

合同签署完毕后，为了保持盈利，总经理要求采购部牵头约请主要原材料供应商商谈降价事宜。

以塑料颗粒的供应商为例，之前的年采购量是 800 吨，单价是 4.4 万元/吨；中标后的年采购量为 2 000 吨，供应商的报价仍然是 4.4 万元/吨。但是，经过核算，天波公司能够接受的最高价为 4 万元/吨（需要供应商降价约 9%）。

负责主导此事的采购员小明当然不能接受供应商的初次报价，于是约请供应商面谈。

"我们好苦啊！"双方刚刚落座，小明便开始诉苦。

"苦从何来？"供应商不解。

"你们是主要原材料供应商，占支出的比例很高。但是，在这个项目上，业主压价的力度很大，天波公司是在赔钱的情况下签署合同的。你说我们苦不苦啊？"

看到供应商默不作声，小明接着说："如果你们不愿意大幅度降价，那么我们只能放弃这个项目了。这样一来，你们塑料颗粒的年销量就不是 2 000 吨了，而是零。如果你们能够接受 3.5 万元 / 吨的单价，我可以立即下 500 吨的订单，帮助你完成销售指标。"

闻听此言，供应商回应道："我们知道这个项目的情况，也很愿意帮忙。但是，3.5 万元 / 吨的单价还不够支付材料费呢。其实，我们一直以来都在用最低价 4.4 万元 / 吨支持着你们。这个项目的体量特别大，我们非常愿意参与。这样吧，我们把价格让到底，按照 4.2 万元 / 吨的价格供给你们。"

供应商的话很有诚意，但是迫于预算的压力，小明只能继续诉苦："这个价格我们实在接受不了啊。请记住，我们是拴在一根绳子上的蚂蚱，一荣俱荣、一损俱损。这个项目事关天波公司的兴衰存亡，请贵司一定要拿出破釜沉舟的精神。"

"要不这样吧，我们把塑料颗粒的成本分解，原原本本地给你看，真的没有降价空间了。"供应商主动提出建议。

供应商事先准备好的成本分解情况一定对供应商更有利，看了也是白看，不如想办法进行利益交换。

想到这里，小明主动提出："虽然业主把价格压得很低，但是付款条件还算可以。考虑到咱们双方的长期合作关系，我们各退一步吧。我可以把账期由 90 天缩短为 30 天，再把 2 000 吨的订单一次性下给你们，但会要求你们分四次交付，每次 500 吨，目的是给你们全方位的保障。作为回报，你们把价格降到 4 万元 / 吨。"

其实，供应商早就通过其他渠道打听到，这次天波公司的中标价的确低得惊人，因此十分理解小明的苦处。

最终，价格降到了 4 万元 / 吨，供应商的利润空间已经所剩无几。但是，考虑到天波公司未来的发展前景和长期合作带来的利益，供应商接受了这个价格。

案例小结

对于利润特别低但是体量特别大的项目，采购人员要向供应商强调双方的利益已经绑定，一荣俱荣、一损俱损，如果不能在价格上达成一致，大家都没有业务可做，以此说服供应商降价，完成看似困难的降本任务。

借助领导的力量

天波公司正在进行一场某耗材年度合同的谈判。

天波公司希望获得最低的采购价格。在谈判之前，采购员小明调查了标的物的市场价格。

对于关键耗材，天波公司做了测试，充分掌握了所需信息。

在与现有供应商的首轮谈判中，小明告知供应商，自己已经掌握了竞品的价格且已完成测试，所以供应商必须报出市场最低价，否则就会被换掉。

迫于压力，供应商同意整体降价 8%。

收到报价后，小明没有给供应商任何回复，仿佛这件事情根本就没发生。

过了三天，供应商的销售总监打来电话，约请小明上门谈判。

"可以。"小明轻描淡写地回答，好像此事无足轻重。

第二天一早，双方在会议室坐定。

"请问贵司对上次的价格还满意吗？"销售总监开门见山地问。

"比我掌握的市场价格差了好多呢。"小明一副为难的样子。

"差了多少？能给个指导价吗？"销售总监的语气带着一点恳求的味道。

"这样吧，你再降 15%，我向老板申请一下。市场调查的结果就是这样的，而且，已经有别的供应商在和我沟通商务事宜，再过两天就可以签合同了。"

闻听此言，销售总监立即同意价格再降 15%，但是要求把预计的年度采购量写到合同里，如果天波公司的实际采购量达不到合同约定的数量，供应商就可以涨价。

"我会向老板汇报。"小明不紧不慢地回答。

接下来的几天，小明又没有任何消息了。

这让销售总监急得团团转。于是，销售总监决定带着老板一起登门拜访，希望一举谈定此事。

听说供应商的老板要来，小明向采购经理汇报，考虑到谈判人员的职级应该对等，采购经理同意参会。

会上，小明一言不发。供应商的老板和销售总监急得直冒热汗，一再表态说很有诚意与天波公司做生意，但是目前的条件实在太苛刻，这笔业务真的做不了。

此时，采购经理开口了："我不同意把年度采购量写入合同，要写的话，贵司必须承诺年度返利。"

"可是，我们已经无利可返了。"供应商老板把手摊开，表示真的没办法了。

谈判陷入了僵局，看来供应商真的没有办法答应这个条件。小明嘴上不说，心里却打起了鼓。

"我们明年会新增 5 台打印机，还会采购其他品种的耗材，你们可以报一下价，给你们一个优先权，用来交换合同条款，这样总行了吧？"采购经理说。

供应商最终答应了这个条件，决定不把年度采购量写到合同中，并且同意降价 23%（第一次降了 8%，第二次降了 15%）。

案例小结

采购人员在谈判中要善用拖延战术。把谈判的前期工作做好之后，采购人员可以邀请领导出面与供应商的老板直接谈判，以便继续扩大战果。如果领导出面与供应商的老板谈判，那么一般应由领导主攻，采购人员辅助，这样才能取得最大的战果。

经典的多轮谈判

"我们是你们的重要客户吗？"在介绍完新项目之后，采购员小明猛地提问。

回到一个月前，那是一个平静的下午，小明刚刚接手这家德国供应商。

在交接时，同事只提到合同每三年一签，平时与该供应商并无往来。

几天后，一封电子邮件打破了平静：

"尊敬的小明先生，我们的合同将于年中到期，可否告知未来三年的预测量？预测量越大，我们的报价就会越低。"

邮件来自德国供应商。

小明信以为真，于是与计划员商量了一番，发了一个非常高的预测量过去，希望对方能够降价。

很快，报价来了：每年涨价 2%，有效期 3 年。

看着一年只有 50 万欧元的采购额，小明陷入了沉思。

对方到底是一家什么样的公司？小明没有头绪。

从官方网站来看，这是一家年头很久的专业做泵的公司，与天波公司已经合作了很多年，质量和交期都很不错，只是双方很少走动。

是不是对方觉得天波公司是个小客户？小明心里打起鼓来。

小明鼓起了勇气，不管怎么样，先邀请他们通过视频会议商谈一下，摸摸底再说。

于是，小明通过电子邮件回复如下：

"市场环境不允许价格上涨。我司今年还要完成10%的降本。我们尽快通过视频会议商讨一下。"

很快，对方回复："我最近在出差，我的一位下属可以跟你开会。"

小明再次心凉——派遣低级别的人员参与谈判说明对方根本不重视天波公司。

没办法，这个视频会议还是要硬着头皮开的。

做了一番准备之后，会议正式开始了。

在开场的寒暄和相互介绍结束之后，小明开始主导话题（不少德国人性格比较内向，这一点让小明在谈判中占得了先机）。

"我司的产品正面临更新换代，下一代产品将分为高、中、低三档。我们想要获得更多的市场份额，你们是否愿意参与其中？"

"我们非常看好贵司，很愿意参与新项目。你能告诉我新项目的开始时间和批量吗？"

德国人的严谨差点把小明击倒。

"嗯。"小明稳了稳神接着说，"新项目的研发周期大约是四年，之后的一到两年现有机型就会被替代。也就是说，如果你们不参与新项目，五到六年后就会停止接单。"

"我们非常愿意参与。"对方积极表态。

"我已经跟设计工程师打过招呼了，他们会立即与你们联系。除了正在供应的泵，你们还有什么好的产品可以用到项目中？"

"我们有很多非常出色的产品，欢迎你们过来看看。"

"我们是你们的重要客户吗？"看到谈判气氛很友好，小明突然发问。

"当然了，你们是高科技公司，很有发展前景。"对方的回答很有诚意。

"那我再问一下，你们一年的销售额有多少？"

"嗯……去年并不好，否则一年能有 1 000 万欧元。"对方有些支支吾吾。

这么少！小明感到很惊讶，但表情依然很严肃。

"你们是家族企业吗？"德国的大多数中小企业都是家族企业，所以小明好奇地问了一句。

"是的。创始人刚刚退休，他的儿子接管了公司。"对方回答时，表情并不自然，流露出些许担忧。小明开始觉得，这并不是一家很出色的公司。

"我能了解一下你们的厂房面积有多大吗？"

"现在的厂房并不大，但我们刚刚签下一个大的。"

"是买的还是租的？"

"租的。"

谈到现在，小明已经心里有数了。天波公司一年 50 万欧元的采购额能稳稳地占德国供应商全年销售额的 5% 以上；再加上还有一家一级供应商也从他们那里买泵，这样算下来，占比绝对超过 10%。因此，在这场谈判中，小明是有话语权的。

"你认为有必要给我们涨价吗？"小明回到主题。

"给你看一下工业通货膨胀表。"很多德国人都爱拿数字说话。

"去年的通胀率是 4.2%，因为人工和水电成本上涨，你看到了吗？我们只是申请每年涨价 2%。"

"市场竞争激烈，不允许原材料涨价。"小明立即回应，坚决不同意涨价。

"用价格不上涨换取更多项目的战略合作，你认为值得吗？"小明反问。

"我认为值得，但是我现在不能答复你。明天一上班我就会请示总经理，我想请总经理亲自与你谈。"

"非常乐意。"小明心想，总经理的权限更大，说不定还可以降价。

会后，小明做了一下复盘，得出了如下结论：

- 供应商完全没有自己想象的那么出色；
- 供应商最近一两年的业绩并不好；
- 天波公司和一家一级供应商的采购额加起来能占供应商全年销售额的 10% 以上，甚至 20%；
- 供应商对天波公司的业务很重视，视天波公司为重要客户。

接着，小明联系了那家一级供应商，详细了解他们与该供应商的业务往来。

经过一番精心的准备之后，与供应商总经理的视频会议开始了。

小明向德国供应商总经理详细地介绍了高、中、低三档新产品开发项目的时间安排和市场前景，对方当然很有兴趣。

小明问："你是希望对现有产品涨价还是参与到新项目中？"

"如果我们能参与到新项目中，现有的泵明年可以不涨价，后续再议。"

看到对方有所妥协，小明心中暗自得意，但这一点让步还不够。

小明使出了撒手锏："我们的一级供应商那里还有很多采购量，一级供应商的采购额与我司的采购额加在一起，一年超过 100 万欧元。你们是否希望我介入，把采购量合在一起谈？"

"我们不清楚贵司与一级供应商到底由谁来决定泵的采购。不过，我们当然希望有更大的批量。"

"明白了。我去邀请一级供应商，咱们两天后再开一个会，好吗？"

"非常乐意。"

会后，小明再次联系一级供应商，商讨对策。

一级供应商表达了强烈的合作愿望，于是小明跟一级供应商约好如此这般去谈。

在第三次会议开始后，一级供应商提出了价格不合理的问题，声称还有别的供应商愿意以更低的价格参与新项目，这使谈判陷入了"僵局"。

小明愁眉苦脸地对德国供应商说："看来把所有的批量绑定并不简单，还是要解决价格问题，你看怎么办？"

德国供应商总经理立即承诺三年不涨价，但一级供应商还是不同意。

于是，小明居中"调解"，对德国供应商总经理说："要不你今年先降3%，一级供应商也退让一步，我们三方一起签个三年供货合同，怎么样？"

经过一番讨论，德国供应商总经理最终同意降价 3% 以换取三年的供货合同和新项目的早期介入，一级供应商那边自然也同意了。

案例小结

在谈判中，采购人员切忌在不了解供应商的情况下盲目做出假设，要始终保持坚定的决心。在多轮谈判中，采购人员要及时复盘、精心准备；在跟权限不足的人谈判时，要迫使对方邀请权限更大的人参与谈判；要整合一切力量，使己方开出的条件更有吸引力；要让供应商一直说"我愿意"。

通过承上启下、相互衔接的多轮谈判，采购人员可以把复杂的问题逐一澄清。采购人员应该在一轮谈判结束后制定下一轮谈判的方案，直到获得自己期望的结果才能结束谈判。

第7章 迁回包抄

本章将介绍 11 个具有代表性的谈判案例。在这些案例中，采购人员在第一次谈判中都没有取得预期的结果，但他们采取迂回包抄的方法，改变了谈判双方的地位，让供应商在信息不对称的情况下感到措手不及，从而做出了极大的让步。这些案例中的谈判方法值得大家学习和借鉴。

本章将解答采购人员普遍关心的下列问题：

- 在谈判中，当己方处于劣势时应该如何"造势"，以便重新占据主动？
- 在谈判中应该使用何种方法快速整合资源、取得降本业绩？
- 在实地考察供应商时应该留意哪些信息，以便在谈判中占据主动？

营造竞争氛围（一）

某年年初，纸浆价格暴涨，与天波公司长期合作的纸箱厂终于按捺不住，提出了涨价 15% 的请求。

收到涨价通知后，采购员小明立即要求供应商提供分项成本和近三年的原材料价格走势图。

看着快速上升的曲线，小明确认供应商所言不虚。

但是，小明知道，谈判和价格走势完全是两回事：前者是主观的，是与人谈判；后者是客观的，是与市场挂钩的。

小明决定进行多家比价，看看各纸箱厂都是什么态度。

各纸箱厂报价之后，小明发现还是这家长期合作的纸箱厂价格最低，而且质量和交付都很稳定。

综合以上因素，小明断定，该供应商在谈判中占据绝对优势，这对己方极为不利。

在第一次电话谈判中，该供应商的态度很坚决，毫不退让。有一家供应商的价格与该供应商的价格最接近，但仍高出 10%。小明向新供应商要了几个样品，之后约请原供应商前来洽谈。

为了影响原供应商的主观判断，小明故意把新供应商的样品放在会议室的角落，样品上印有新供应商的品牌名称。

在与原供应商谈判之前，小明与新供应商的销售人员约好通电话，并故意把时间约在与原供应商谈判的时间段。谈到一半，电话响了，小明没有避开原供应商的销售人员，反而故意让对方听到他们的部分对话。

原供应商的销售人员见状又急又怕，连忙改口说回去就跟总经理商量。

小明说："可以，但是你今晚一定要给我一个答复。"

销售人员赶紧回去了。

小明很高兴，看来事情的进展比预想的顺利。

但是，小明等到很晚都没有接到销售人员的电话。小明心里开始打鼓，是不是这个办法没有奏效？

为了试探供应商的态度，小明第二天上午故意打电话问销售人员仓库里还有多少纸箱的完成品，暗示想要切换供应商。

没等小明说完，销售人员赶忙说，今天上午他们公司全体管理层开会专门商讨此事，最后总经理决定仍然保持原价，不涨价了。

"其实我们赔了几个点，但是不想被竞争对手通过恶意竞争抢走优质客户。鉴于合同金额较大，所以只能等总经理拍板。"销售人员说。

原来是决策流程太长导致昨天不能答复，小明终于明白了。

"好，我司也愿意与你们长期合作。在纸浆价格上涨时，你们不涨价；等将来纸浆价格下跌时，我们也不会要求你们降价，里外里给你找平。"

"太感谢你的理解了！我会把这个好消息告诉总经理，也不枉他顶着亏损继续做生意，这也算是些许安慰啊！"

"些许安慰。"小明点头笑道。

案例小结

谈判如戏，采购人员也要有一定的"演技"。采购人员要刻意营造出有多家供应商激烈竞争的氛围，以便在谈判中占得先机。采购人员如果无法让供应商相信自己有更好的选择，就很难在谈判中占据优势。一旦采购人员认为供应商占优势，就一定会为此付出不必要的代价。

营造竞争氛围（二）

天波公司一向非常注重产品质量，因此在购买设备时常常会选择固定的品牌和厂家，目的是保证质量的稳定性和一致性。

但是，随着公司销售规模的扩大，利润空间不断缩小，采购部所承受的降本压力与日俱增。

某年年底，因为扩产，天波公司需要新增 5 台冲压设备。按照惯例，采购员小明立即向一直合作的供应商 A 询问价格和交期。但令人感到意外的是，A 以人工成本增加和进口配件价格上涨为由坚持价格不变。即使采购经理出面，A 也不松口。

迫于降本压力，采购部只能硬着头皮与工艺部研究，重新寻找业内口碑与 A 相当的厂家。

很快，小明联系上了供应商 B。鉴于天波公司的良好口碑和大量需求，B 表达了强烈的合作意愿并同意先给天波公司安装一台冲压设备试用，试用三个月后再支付全款。B 的报价比 A 低 10%，交期也不错。看得出来，B 想要打消天波公司的一切疑虑。

在试用 B 的样机期间，小明故意给 A 的销售总监打电话，询问业务发展情况。当销售总监问起上次那个报价的下文时，小明提到目前正在试用 B 的设备，而且 B 的价格低很多，其他条件也不错。小明还说，下个月试用完毕之后，如果没有什么问题，就会和 B 签合同。

这让销售总监大吃一惊，他立即请求第二天到厂访问。

小明笑道："怎么，您要来视察？好啊，欢迎欢迎。"

第二天一早，A 的销售总监便带着他们的技术总监一起到访。他们与小明简单寒暄之后，请求到车间看看。

"不准拍照。"小明叮嘱了一句。

到了车间，技术总监围着 B 的设备转了好几圈，像鉴宝似的仔细观察。最后，他给销售总监递了一个眼神，意思是看完了。

之后，二人告辞，匆匆离开。

当天下午，小明的电子邮箱里出现了一封标有感叹号的邮件，这封邮件还被抄送给了采购经理。

邮件大致的内容是：天波公司是 A 一直以来最重视的客户，秉持让客户满意的宗旨，A 决定将报价下调 15%，质保期延长一年，希望天波公司与其保持长期合作，停止试用 B 的设备。

读罢电子邮件，小明哈哈大笑，立即回复："为了实现长期合作，我司可以答应贵司的请求。不过，我司会留用目前正在试用的这台冲压设备，因此给贵公司的订单是 4 台，而不是 5 台。"

在这种情况下，A 只能答应小明提出的条件。

案例小结

在只有一家供应商做某项业务时，采购人员往往无法在谈判中占据优势，因为供应商相信自己一定会得到订单。在此情况下，采购人员应取得内部的支持，引入其他供应商，并以适当的方式让现有供应商知道。

这往往会使现有供应商的态度发生 180 度的转变，主动提出更加优惠的条件，进而改变双方在谈判中的地位。

营造竞争氛围（三）

天波公司马上要做一个储能电池示范项目，该项目颇具市场前景和广告效应。

就在总经理和销售经理举杯庆祝之际，采购经理却犯了难。

该电池需要使用一种可靠性很高的复合材料，这种材料涉及很难掌握的技术。

公司的实验室只能做出小批量的复合材料，可靠性差、报废率高，其结果是成本极高、产量极低。因为项目对复合材料的需求量极大，所以天波公司只能从美国供应商处采购。

但是，这个项目具有一定的特殊性，由于是示范项目，所以价格极低且回款极慢，公司几乎是顶着亏损接单。总经理要求采购部全力降本，以便实现盈利。

怎么办？

采购部只能通过与美国供应商谈判来解决亏损问题。好在美国供应商非常看好这个项目，他们认为天波公司使用他们的复合材料会产生很好的广告效果。在与采购经理第一次谈判时，美国供应商同意降价 5%，但这离天波公司的预期价格还很远。

看到美国供应商诚心诚意想做这个项目，采购经理动起了脑筋，与实验室主任谈了一次话，邀请实验室主任参与第二次谈判。

在第二次谈判时，天波公司的实验室主任和美国供应商的技术总监都到场了。

这时，实验室主任拿出事先在实验室里通过千挑万选才选出来的复合材料，为供应商的技术总监讲解该材料的性能优势。

"你们是怎么做出来的？"对方惊讶地问。

"我们投资了先进的设备，很快就调试完毕了，到时产量就上来了。"实验室主任得意扬扬地说。

"对于这个项目，我们的想法是自制一部分、外购一部分，齐头并进。"采购经理赶紧接过话头。

刚才发生的一切令美国供应商的销售代表措手不及。

"但是，如果你们的价格实在不具备竞争力，我们就不得不考虑自制了，因为项目的单价实在是太低了。"采购经理不紧不慢地说。

"价格好说，我回去立即申请。"美国供应商的销售代表立即表态。

很快，新的报价来了。美国供应商这次报的是阶梯价格：如果将该项目 50% 的采购量给他们，他们就降价 25%；如果天波公司放弃自制，把整个项目的采购量都给他们并且签署 5 年的排他协议，他们愿意降价 50%。

采购经理笑着跟实验室主任说了此事，实验室主任说："我还真捏了一把汗！你要知道，我做了三个月的实验，才能做出这么一小块复合材料。"

"我听说这个材料虽然在性能上有优势，但是使用不到半年就降解了，是吗？"采购经理问。

"是啊，目前距离量产阶段还很遥远。"实验室主任答道。

案例小结

当谈判任务十分艰巨，而己方又没有可供交换的条件时，采购人员切不可胆怯心虚，要事先与内部充分沟通，**没有条件就创造条件**。

采购人员可以与公司的其他部门密切配合，创造出令供应商信以为真的有利条件，从而迫使对方接受己方的要求，但前提是方案严谨、严格保密。

营造竞争氛围（四）

在拥挤的会议室里，空气几乎凝固了，采购员小明眉头紧皱，聚精会神地听着采购经理的发言。

"这台激光头制造设备的采购价格决定了分公司今年的利润。法国供应商提出了涨价，但我们不会接受。昨天领导给了我一家日本公司的资料。小明，你善于谈判，你来考虑一下这盘棋应该怎么下。"

原来，天波公司开了一家分公司，主营高端激光头的研发和生产。目前，分公司最大的投入就是高精尖的制造设备。这台激光头制造设备的采购价格决定了分公司今年的盈利水平。

这种设备的知识产权和大部分市场被法国供应商所垄断。在这种情况下，法国供应商有点趁火打劫的意思，居然提出涨价，这令天波公司措手不及。

好在有一家日本供应商想要进入这一领域，把资料递到了采购经理手中，采购经理将资料转交给了最擅长谈判的采购员小明。

"多一个选择就好办了。这将是一场心理战，我会让公司看到采购部的价值。"小明很自信，当场立下了军令状。

小明首先拨通法国供应商驻当地办事处的电话，邀请其销售人员当晚一起吃饭。在饭局上，小明百般央求对方手下留情，请对方帮忙申请不涨价。盛情难却之下，销售人员答应帮他试试。

之后，小明邀请日本供应商的销售代表来访。在会谈中，小明故意表现出一副缺乏耐心的样子，例如，只是简单翻看他们的宣传册，以时间紧张为由不让他们讲解设备优势，并多次提到己方会优先考虑与法国供应商合作。

"除非价格很有优势，否则不会考虑新供应商。"小明在会谈结束时告诉销售代表，脸上堆满了抱歉的表情。

这让急于进入该市场的日本供应商十分为难。小明想要传递给日本供应商的信息是：不是没有机会，但是条件会非常苛刻。

在开标的当天，戏剧性的一幕发生了。

法国供应商认为此标非我莫属，所以维持原价。

日本供应商的报价居然只有法国供应商的30%，而且包含两位国内工程师在日本培训半年的费用。

经采购经理批准，小明选择了日本供应商，取得了巨大的降本业绩，充分体现了采购部的价值。

时至今日，采购经理终于看懂了小明为什么要对两家供应商表现出截然不同的态度。小明一开始就打算利用法国供应商的强势来打压日本供应商，以便利用日本供应商急于进入该市场的心态，一次性拿到最低的价格和最优的条件。

案例小结

当有一家供应商急于拿到业务，而另一家供应商自以为稳操胜券、不肯做出让步时，采购人员可以借力打力，"唬住"供应商，迫使急于拿到业务的供应商从心理上放弃一切抵抗，一次性给出最低价格。

营造竞争氛围（五）

天波公司的车间和仓库都在使用手持 PDA 扫码，以便实现物料的电子化管控。

随着业务规模的急速扩张，天波公司对手持 PDA 的需求量也在急剧增加。

现有 PDA 的配置低且价格高，但是原供应商熟悉天波公司的生产流程及使用部门的操作习惯，所以一直处于独家供应的状态。

无论采购人员如何商谈，供应商就是不同意降价。使用部门为了便于沟通和使用，也一直倾向于与原供应商合作。

后来，采购经理向总经理汇报此事，总经理要求倾全公司之力解决此事，并责成采购部尽快开发新供应商，使用部门必须配合。

这个任务很快落到了采购员小明头上。还好小明经验丰富，他很快做了以下四件事情：

- 收集 PDA 的配置需求，通过询价、比价等手段进行市场调研，与使用部门一起确定合适的配置和价格；

- 拿着调查得到的数据，约请原供应商谈判，但原供应商的态度很不积极，几乎没有让步；

- 考虑到新增的采购量较大，小明引入了两家新供应商，并把样品交给使用部门试用，试用通过后，小明将订单下给了新供应商；

- 一段时间没有接到订单后，原供应商主动给小明打电话，声称愿意降价，并积极解决之前遗留的质量和售后问题。

在与原供应商谈判时，小明说可以重新考虑与其继续合作，但前提是他们的价格和服务必须具有竞争力，能在三家供应商的比价中胜出，而且两家新供应商仍会保留。原供应商只能照单全收，并在后续的谈判中同意降价30%。

小明圆满地完成了降本任务。

案例小结

面对在己方有一定基础的供应商，采购人员切不可横冲直撞，要学会避免冲突。正确的做法是，先取得公司高层的支持，之后迅速引入新供应商参与竞争，以期在谈判中重新占据主导地位。

竞价与谈判相结合

一大早，采购经理来找小明。

"我这里有一项重要的采购任务。"经理说，"这是一款较为复杂的电机，市场上只有两家供应商可选，即 A 和 B。从之前的询价情况来看，两家的报价差距不大，但是很难通过谈判进一步降价。"

小明点点头，表示自己在认真听。

"公司刚刚接到一个平台项目，采购量很大，需要用到这款电机。这一次的目标价是 55 元，A 的报价是 57.5 元，B 是 58 元。这个任务我想交给你来完成。"

"好的，我来想想应该怎么办。"小明回答得很干脆。

既然商务谈判已经行不通，就要另辟蹊径，小明想到了反向荷兰式竞价。

最低报价（57.5 元）乘以 0.9 是 51.75 元，小明按照此价格起拍，设置 10 轮竞价，每轮上涨 0.325 元，直到价格涨至 55 元，若无供应商接受便流标。

当竞价进行到第五轮时，A 和 B 仍然是拒绝的态度。

小明担心这样下去会流标，于是分别与 A 和 B 谈判，探知供应商可以接受的最低价。迫于竞价规则的压力，A 和 B 均压低了可接受的心理价位。其中，A 的心理价位是 53.9 元，B 的心理价位是 54.5 元。

在第六轮竞价中，价格涨到了 53.7 元，按照每轮上涨 0.325 元的规则，第七轮的价格将是 54.025 元，这个价格高于 A 能接受的最低价 53.9 元。于是，小明在系统后台把第七轮的价格改为 53.9 元，最终与 A 达成了协议。

"53.9 元这个价格超出公司的预期，比 55 元的预算低了 1.1 元，你做得很好！"看到结果后，采购经理称赞小明。

案例小结

当谈判无法取得进展时，采购人员可以改变策略，通过竞价的方式继续压价。在竞价的过程中，采购人员如果发现事先设定的条件不是最有利的或者担心流标，就要通过谈判再次对供应商进行摸底，据此重新设定竞价条件，以确保最终的结果对己方最有利。

记住，只要供应商愿意参与谈判和竞价，就有降价的空间。

整合优质资源

随着业务的迅猛发展，天波公司开始在全国布局生产线。

在此期间，采购部的主要任务是帮助公司把控生产线设备的价格，保证公司在扩张的过程中不花冤枉钱。

前两天，一项新的采购任务——购置生产线设备落到了采购员小明的头上。

拿到技术要求后，小明邀请三家设备供应商 A、B、C 参与技术评审。经设计部确认，小明要求三家供应商按照统一的模板报价，结果如表 7-1 所示。

表 7-1　三家供应商的报价（单位：万元）

供应商	型材	气缸	传感器	扫码枪	组装费	测试费	合计
A	35	15	8	1	18	6	83
B	38	12	8	1	15	5	79
C	50	18	9	0.5	12	3	92.5

经过对比，小明发现，三家供应商报的总价差异不算特别大，但是分项报价的差异却很大。例如，C 对型材的报价比 A 和 B 高很多；但在组装费上，C 的报价却是最便宜的。

时间非常紧张，小明需要尽快选定供应商，于是他列出每一项的最低价，找对应的供应商详细了解情况。

之后，小明列出了每一项的最低价（见表 7-2）以及相应的购买渠道。

表 7-2　根据各分项最低报价列出的目标价（单位：万元）

项目	目标价
型材	35
气缸	12
传感器	8
扫码枪	0.5
组装费	12

（续表）

项目	目标价
测试费	3
合计	70.5

小明将该表同时发给 A、B、C，并声称谁不能接受这个价格，便会立即被淘汰。

只有 C 反馈说能够接受，A 和 B 选择退出。

在最后的技术评标谈判中，小明对 C 说必须把价格降到 69 万元才会考虑由他们供货，因为"还有别的竞争者"。

最终，出于长期合作的考虑，C 再次让步，双方以 69 万元的价格成交。

案例小结

为了拿到最优价格，采购人员可以将分项报价中的最低价和相应的购买渠道分享给各家供应商，将各家供应商的优质资源整合起来，帮助各家供应商进一步降低成本。这样做比与多家供应商分别谈判效果更好，达成目标的速度也更快，但前提是供应商愿意分享优质资源并且愿意与采购方长期合作。

实地考察情况

天波公司有三家电缆供应商 A、B、C。

在某段时间，由于劳动力短缺，A 和 B 都出现了供货困难的问题，甚至时不时断供，这严重影响了天波公司的正常生产。只有 C 可以不间断地生产并供货，而且产能还有富余。

但是，如果将 A 和 B 供应的电缆全部直接转给 C，认证、放行等环节都会有麻烦。于是，采购员小明决定将三种采购量最大的电缆转给 C，而不是所有电缆。

这里有个历史问题需要说明一下。

最早的时候，C 独家供应这三种电缆，但因为前两年 C 的价格不是最优的，小明为了完成降本任务，将这三种电缆转给了 A 和 B，现在需要将这三种电缆再次转给 C。

小明现在面临的问题是：C 的价格偏高，这会影响天波公司的利润；而且 A 和 B 都提出了反对意见，他们都称如果天波公司切换供应商，就要对他们供应的其他电缆涨价。

小明似乎陷入了一个无解之局。好在每次遇到难题的时候，小明总会迎难而上。

小明决定先去拜访 C，了解他们的真实想法。

经过现场走访和会议讨论，小明发现，C 因为天波公司前几年将这三种电缆转给别的供应商，业绩下滑很严重，现在非常渴望把它们拿回来。而且，之前囤积的铜材长期占据库存，也需要尽快消耗掉。

这三种电缆料量大、需求稳定，所以非常吸引 C。了解到这些情况之后，小明在谈判中化被动为主动，要求 C 重新报价。

C 新报的价格比 A 和 B 低 3%，但小明仍然告诉 C 这个价格不具备竞争力。在小明承诺给予不低于 50% 的采购量后，C 在初次报价的基础上又把价格降了 2%。

小明一算，这一下就创造了每年 1 200 万元的降本业绩；而且，有了 C 的强力供应，以后再也不怕 A 和 B 断供了。

A 和 B 仍有订单，而且这两家供应商确实没有能力保证不间断供应，因此在小明削减订单量的时候也就不再坚持要求涨价了。

案例小结

小明从忽视 C 的作用到发现 C 的作用，再到利用 C 来解决供应、降本问题并规避 A 和 B 涨价，漂亮地完成了任务。这个案例给我们的启示是，**一些不引人注意的细节往往可以有效地解决实际问题，帮助采购人员在谈判中取到意想不到的好结果**。因此，面对棘手的问题时，采购人员一定要到供应商处实地考察情况，再制定相应的谈判策略，否则就是在跟自己谈判。

探寻优势来源

一位在电商企业负责酒品采购的朋友跟我讲过这样一个案例。

为了开展差异化竞争，该电商企业需要出品一种能在包装和口感上迎合年轻人需求的鸡尾酒。能够满足这些要求的供应商只有一家，他们的报价是 100 元 / 瓶。这个价格远远超出他们的预算，他们自然无法接受。

在初次谈判时，该供应商知道自己没有竞争对手，所以在价格方面寸步不让，这让朋友非常为难。

为什么只有这一家供应商能够调配出这种口感并拥有相应的配方，而其他供应商不能呢？这是朋友最大的疑惑。

为了探求原因，朋友决定访问该供应商，并与其技术人员座谈，了解情况。

在访问的过程中，朋友发现该供应商并不具备酒品的研发能力，所有配方都外包给了第三方。在座谈时，供应商的陪同人员在不经意间透露了第三方的名称。

访问结束后，朋友紧急联系第三方，得知他们与该供应商只是普通的合作关系。对于朋友负责的项目，他们可以直接报价、提交配方，再由甲方通过招标确定生产商。

获知此消息后，朋友认为他们公司在谈判中的地位已经从劣势转为优势，于是再次约请该供应商谈判。

在会上，供应商的谈判代表获知"独家供应"的优势不复存在之后，立即表示可以将价格从 100 元降到 70 元，并再三保证这是非常合理的市场价格。

之后，朋友又找了几家酒厂询价，价格都在 70 元左右，该供应商的说法得到了验证。

考虑到这个价格已经满足了项目预算的要求，而且该供应商的态度也非常积极，最终朋友把订单给了这家供应商。

案例小结

当一个传统行业突然出现某种"独家供应"的情况时，采购人员一定要探究造成这个反常现象的原因，**挖出对方优势的根源，找到瓦解对方优势的方法**，夺回谈判的主导权，把价格控制在最合理的范围内。

无惧者无敌

在谈判中，采购人员遇到的最难缠的对手之一就是独家供应商。

在下面这个案例中，事情更加复杂，因为采购方还有内鬼泄密。

但是，就是这样一个死局，"无惧姐"居然谈出了不错的结果。

接下来，我们就一探究竟。

在一次谈判培训中，有学员问："如果我方有内鬼，把预算告知独家供应商，采购人员又需要尽快下单，应该怎么谈？"

我回答："没办法，因为对方摸清了你的底牌。"

此时，"无惧姐"说话了。

"无惧姐"是这场培训的学员之一，拥有七八年的采购经验，刚刚跳槽到这家公司，气场十足，很喜欢发言。因为她接下来讲的话很让人出乎意料，而且充满了无惧无畏的精神，所以我将她称为"无惧姐"。

她说："我曾经负责过一个厂房装修的采购任务。供应商是以前一直在用的，而且报价的确很低。我和他们谈价格的时候，他们表示一分钱都不让，否则就不做了。项目经理不停地催我签合同，以免影响工期。姜老师，如果换成是你，你会怎么做？"

我说："遇到这种情况，我就认了，尽快签完合同，忙别的事情去。"

她用鼻子哼了一声，显然对我的答案不满意，撇撇嘴说："我当时很生气，心想他们太不拿我当回事了，绝不能接受这样的结果。"

"那你能怎么办呢？"这回轮到我提问了。

"我就把这件事放下了。他们不给折扣，我就不签合同。"她一脸得意。

"放下了？"我吃惊地重复她的话。

"对，不达目的，绝不罢休。"

"耽误了工期怎么办？"

"很多着急都是说在嘴上的，哪有那么多着急的事情。况且，这是一件需要花大钱的事情，项目经理也不敢逼得太紧。"她充满了自信。

"后来呢？"我很好奇。

"后来，我就把这件事忘了。直到一个月后，突然有一天，供应商发来一封电子邮件，承诺降价 15%，请求启动这个项目，我才想起来这回事。说实话，我都没想到供应商会再次降价，而且是这么大的幅度。"她说这些话的时候一副轻松的样子。

我的下巴都快掉到地上了。

"他们一开始不是说不能再降了吗？"我问。

"没有不想做成生意的供应商，只有善于表演的供应商。"她得意地说。

"所以，你就强硬到底，以不变应万变？"我想知道她是怎么想的。

"其实，我根本就没想那么多。我只有一个想法，那就是不达目的不罢休，我不在乎别人怎么想。"她说得很干脆。

这正好验证了谈判高手的十大心智模式之一——"切勿混淆对方的举止与你的所求"。

优秀的谈判者只看结果，不讲关系。如果通过谈判不能得到自己想要的结果，那么宁可谈崩，也不能答应供应商提出的条件。最后的结果往往是供应商主动做出让步，除非供应商真的不想做了。

"这是一个很棒的案例，证明了这种心智模式的实用性。"我赞叹道。

"我倒没想过这些，反正供应商都怕我。"她倒是很坦诚。

"我估计项目经理也怕你。"我打趣道。

"哈哈哈哈！"她爽朗地笑了。

培训结束后，我与组织这场培训的采购经理聊天，聊到了这位"无惧姐"。

"你对她的印象如何？"我试探性地问。

"她虽然学历不高，但是很有魄力，在谈判时不达目的不罢休。"采购经理称赞道。

"她是大智若愚！"我竖起大拇指。

案例小结

　　面对难缠的对手时，采购人员一定要牢记，力量只存在于头脑之中，切勿混淆对方的举止与你的所求，善用拖延战术，以结果为导向。采购人员要时时刻刻地提醒自己——**无惧者无敌！**

信息的博弈

一天，采购员小明拿着供应商乙的调价函找采购经理签批。

小明说："经理，因原材料上涨，供应商提出了涨价。我调查了最近的行情，情况确实如此。"

采购经理对供应商乙有印象：供龄一年左右，规模不大，产品质量稳定，距离公司二三百公里，服务售后也不错；老板王总是做技术出身的，去年帮助公司做了很多技术改良项目；供货比例逐年提升，供应的货物原料占60%，其他占40%。

对于此次价格上调，采购经理觉得有些异常，于是对小明说："约一下王总，我们下午去一趟他们的工厂。"

下午，采购经理和小明到达供应商工厂，采购经理并没有直接去会客室，而是要求先去车间参观。之后，采购经理和小明来到了会客室。

一番寒暄之后，王总先开口："经理，原料价格上涨，您看，我们的涨价函从下周一开始执行吧。"

采购经理笑着说："我刚去你们的仓库看了一下，仓库里面的原料大概有 500 吨，按照你们每个月的最大产能，你们用这些料至少可以做一两个月。同时，我也看了入库记录，原料生产批次最新的是一个月前。王总真是高瞻远瞩，在原料价格低谷时大量买进，提前备了这么多货。"

王总欲言又止。

采购经理接着说："王总，近两年营收不错吧？我看到你们车间新增了一条进口生产线。这条生产线的自动化程度很高，在行业内也是数一数二的。"

王总说："是的，我们引进这条进口生产线已经大半年了，这条线生产出来的产品次品率极低、偏差极小，可以满足像贵公司这种高端客户的要求。这种质量在国内是不多见的。"

采购经理边喝茶边说："嗯，质量是根本。而且，比起原来的生产线，这条生产品至少可以省掉一半的工人。"

王总本想以原材料价格上涨和产品质量提升为由涨价，但几招下来，采购经理都巧妙地化解了。王总觉得采购经理像是业内人士，决定不再绕弯子："是这样的，经理，当时我们误判了行情，把销售目标定高了，匆匆忙忙地新增了生产线，但产能不足，同时资金周转出了一点问题。"

采购经理继续喝茶，说："嗯，生产记录显示新线的开动率是 40% 左右，确实不太理想。对了，厂区内停着的货车也是今年新置办的吗？"

王总说："是的，因为我们有很多省内的客户，之前合作的物流公司响应不及时，而且有野蛮装卸的现象。您也知道，我们的货物怕摔，为了保证质量，我们在购置生产线的同时购置了这辆货车。"

采购经理喝完了手上的那杯茶，说："王总，您一直是我们优秀的合作伙伴，我们本着长期合作、确保共赢的理念，您看这样行不行……"

夕阳西下，王总送采购经理和小明离开。车子启动，王总问："经理，您可曾在我们这个行业工作过？"采购经理笑着说："没有。"

王总看着车子逐渐远去，露出了满意的笑容。将近两个小时的谈判中，采购经理的态度很温和，但是句句切中要害。王总本想通过提高价格获得更大的利润，缓解资金压力，但采购经理早已看出王总的意图，并指出这种做法治标不治本。

采购经理提出了更好的方案：

- 通过套期保值来锁定理想的原料价格；

- 给供应商更多的订单来增加新生产线的产能；

- 加大最小起订量，整车配送；

- 之前为了防止第三方物流野蛮装卸并实现多次周转而采用了五层纸箱包装，现在改为整车配送后，可以简化包装，以节省费用；
- 付款方式由月结改为预付，缓解供应商资金压力的同时，天波公司享受相应的折扣。

经过一番细致的计算，双方共享本次合作省下来的人工费、物流费和包装费等，谈判的结果是双赢的：供应商获得了产能，节约了成本，提升了利润；天波公司拿到了前所未有的价格折扣。

小明之前对供应商的涨价要求束手无策，今天结结实实地被采购经理上了一堂很精彩的谈判课。小明发现自己需要学习的东西还有很多，他一脸崇拜地问："经理，你是怎么做到的？"

采购经理望着窗外远去的景色，想到自己刚入行时和小明一样，后来通过不断地了解行情，深挖采购与供应链知识，掌握更多的信息，如今才做到了在谈判桌上泰然自若。

他笑着回答："谈判的本质是信息的博弈。我们先去车间做调查，目的是搜集证据，找到扭转劣势的机会。一旦摸清楚供应商的底牌，我们在谈判中就可以从问题的源头提出有利于自己的条件，供应商便不得不答应了。"①

案例小结

这是一场经典的采购谈判。采购经理通过实地勘查的方式掌握了供应商的真实情况，然后通过老练的谈判话术将不利局面转变为有利局面，将涨价谈成了降价，为公司争得了意外的收获。案例中的方法和技巧值得每一位采购人员学习、借鉴。

---

① 本案例由暴雪女士主笔，特此致谢。

第 8 章　特殊情况

本章将介绍 13 个具有代表性的谈判案例。每一个案例都涉及某种不常遇到的特殊情况，但案例中的采购人员都巧妙地解决了问题。他们所采用的方法和技巧值得大家学习和借鉴。

本章将解答采购人员普遍关心的下列问题：

- 在谈判中如何削弱受到渠道保护的供应商的力量？
- 在谈判中如何削弱客户指定供应商的力量？
- 当内部利益相关方施压时应该如何巧妙地沟通，以便获得理解，最终赢得谈判？
- 在谈判中发现供应商有欺诈行为时应该怎么做？

破解渠道保护（一）

天波公司需要从德国进口一套价值不菲的冷却塔。德国原厂在国内有两家代理商，分别负责北区和南区。

当采购申请到达采购员小明手里时，北区代理商已经在原厂完成了项目备案。因此，当小明询价时，北区代理商报出了 200 万元的天价。

小明有过类似冷却塔的采购经验，直觉告诉他 200 万元的价格高过头了。

在谈判的过程中，北区代理商毫不退让，根本没把小明放在眼里。小明发誓要把这件事情查得清清楚楚、明明白白。

于是，小明开始联系南区代理商报价。南区代理商告诉小明，这个项目已经被北区代理商在原厂备案，原厂不允许南区参与项目。但是，南区代理商又透露，这个价格很不正常，按照市场价来说，100万元就足够了。

闻听此言，小明立即向采购经理汇报。

采购经理当即向德国原厂发送电子邮件，怀疑北区代理商与公司内部人员串通，并进行了举证：为什么采购申请还没到达采购部，采购员还未询价，项目就在原厂备案了呢？

此事引起了德国原厂的重视。后来，德国原厂决定取消北区代理商的项目报价资格，取消备案，转由南区代理商负责这个项目。

南区代理商的报价是100万元，只有之前报价的一半。

案例小结

遇到这种非正常的谈判，采购人员不要与涉嫌违规的代理商纠缠，而要直接找到原厂，提交不合规的证据，取消代理商的备案资格，取消渠道保护，重新拿到合理的价格。

破解渠道保护（二）

天波公司需要购买一台瑞士产的实验设备，这种设备非常高端。实验室主任在提交采购申请之前擅自与国内的代理商沟通，无意间透露了他们的选型。

这导致采购人员还没有启动谈判，代理商就把天波公司的项目在瑞士原厂做了备案，原厂制定了一个不可变动的价格，并通知其他代理商不得参与这个项目。

因此，尽管采购员小明努力地与代理商进行了多次谈判，但都无果而终，因为代理商自视为唯一供应商，不把小明放在眼里。

就在进退维谷之际，小明在采购圈的一场聚会中遇到了一位同行，他恰好也在采购这种设备，但价格低了 40%。

看到小明十分发愁，同行说：“不如把你们的需求加到我的订单里，只是多订购一套，代理商是不会察觉的。”

小明回去向采购经理汇报此事，得到了许可。小明千叮万嘱，切不可让实验室主任知道。

果不其然，在设备到达实验室的当天，小明发现实验室主任的脸色非常难看。

第二天一早，代理商不请自来，在会议室里冲着小明咆哮，逼小明说出设备的采购渠道。

小明虽然闭口不言，但是眼中冒着怒火，一直盯着代理商。

代理商闹腾之一番后，并没有找到小明违规的证据，而且设备本身的确是原厂的，挑不出什么毛病，再闹下去也是自讨无趣，于是代理商在警告小明之后便匆匆离开。

“这种事一般都是内部人员与代理商勾结造成的。”当总经理过问此事时，采购经理直言。

“小明做得很对，他为公司节省了很多钱。”总经理公开支持小明。

案例小结

当代理商提前在原厂做好备案时，代理商便成了占据绝对优势的一方。在这种情况下，代理商的报价一般都会非常高，即便多次谈判也很难让他们降价。

此时，采购人员可以另辟蹊径，从代理商想不到的地方入手，如进行联合采购，通过其他渠道完成采购任务，让代理商在不知不觉中失去自认为拥有的优势。不过，运用这种方法的前提是获得公司高层的支持并且确保代理商事先无法察觉。

破解渠道保护（三）

上次在瑞士实验设备采购项目上失手之后，实验室主任不仅没有收敛，反而变本加厉。今年，实验室需要增加一台反应釜，预算是 110 万元，实验室主任早早就开始琢磨这个局应该怎么设。

实验室主任的盘算是，既然无法指望采购部配合，就要事先把准备工作做足。

打定主意之后，实验室主任将采购申请递到采购部，并附上了备选供应商的联系方式。

"又来这一套。"采购经理一眼就看穿了实验室主任的小算盘。

"小明，你来查一下这家备选供应商，了解一下这台设备的要求，至少要货比三家。"采购经理的思路很清晰。

很快，小明查到这是一家新成立的贸易公司，他们在采购申请到达采购部的前一天才拿到这种日本产的反应釜的代理资格，报价是 110 万元，与预算一分不差。

小明再看实验室主任提交的设备要求，内容与日本产的反应釜的设备说明书一字不差。一切都显得过于巧合了。

这看起来是一个死局：对于这种非标设备，除非使用方主动提出变更，否则采购部一般不会变更要求。

在谈判的过程中，代理商连一分钱都不让，甚至提出了甲方预付 80% 货款的过分要求。

"岂有此理！"听了小明的汇报，采购经理拍案而起。

"我就不信没有其他选择。"采购经理说，"小明，你把手头的工作放一放，去实验室待几天，研究一下反应釜的用途和要求，然后找三家供应商谈判。"

小明便来到实验室，找实验室主任说明来意。他虽然心里不痛快，但不敢公开阻挠小明，只是不痛不痒地说了一句："请自便。"

经过五天的观察，小明发现实验室对反应釜的高低温范围的要求并不高，但对精度、自动化控制和安全防护有很高的要求。小明心里有数了，国产反应釜因为以上原因肯定不能考虑了，只能考虑欧美的知名品牌。

按照这个思路，小明分别找来一家德国品牌代理商和一家瑞士品牌代理商。经过激烈的谈判，德国品牌代理商报出的最终价格是 83 万元，远低于 110 万元。他们不想错过天波公司这种高速发展的优质客户，所以报了一个市场最低价。瑞士品牌代理商则在第一轮报价中报了 120 万元，被直接淘汰了。日本品牌代理商始终不肯降价，仍然坚持 110 万元的报价。

看到价格差距较大，德国产的反应釜又有品牌保障，实验室主任也就不好争辩了，只是问了一句："如果使用起来有问题，你们采购部能承担责任吗？"

闻听此言，采购经理立即向总经理汇报此事。看到 27 万元（即 110 万元减去 83 万元）的降本业绩以及德国产反应釜的质保书，总经理决定向德国品牌代理商下订单。

经过这一系列事情，实验室主任被彻底镇住了，再也不敢胡来了。

采购部在公司总经理面前和主要的业务部门中建立了威信，再也没有人敢私下与供应商串通了。

案例小结

面对非正常的渠道保护行为，采购人员一定要有坚定的决心，与需求部门斗争到底，引入多家供应商进行比价，破解渠道保护带来的独家优势，为公司争得最大利益，但前提是公司高层全力支持采购部并愿意在关键时刻做出决策。

破解客户指定供应商（一）

天波公司的采购经理正坐在办公室里审批订单，采购员小明推门进来了，一脸为难的样子。

"经理，这家供应商我实在管不了了！"小明说。

"怎么回事？"看到小明少见地露出慌张的神色，采购经理也很吃惊。

"这是一家客户指定供应商，必须用在某项目上，但是他们的合同里全是霸王条款，不承担质保责任，还声称天波公司不同意就不供应。"小明诉苦道。

"岂有此理！"听罢，采购经理也很气愤。

"你让销售人员向客户投诉，我就不信客户会坐视不理。"

客户听说此事后感到很震惊，连忙找该供应商询问是怎么回事。迫于客户的压力，供应商答应修改部分合同条款，同意承担质保责任，开始供货。

"小明，你去打听一下，客户为什么要指定这家供应商。"采购经理下定决心要查个水落石出。

几天之后，销售人员告诉小明，客户指定这家供应商主要是因为他们的价格低、折扣大，两方并无任何特殊关系。

"这就好办了，你赶紧多找几家供应商，把价格压下来。"采购经理指示小明。

很快，小明找到了另外两家供应商，其中一家的价格略低于现有供应商。销售人员向客户推荐后，客户很满意，把这两家供应商也纳入了合格供应商名录，从此该项目便不再是独家供应了，而是有三家供应商可选。

小明随即把现有供应商的部分订单转给了价格最低的那家供应商，实现了小幅度降本。现有供应商的态度很快就发生了180度的大转弯，变得热情又周到，一改以前的霸王作风，频频表示"一切都可以谈"。

小明在后续的谈判中一改被动挨打的局面，重新掌握了主导权。

案例小结

有些供应商仗着自己是客户指定供应商，在谈判中蛮横无理、毫不让步，此时采购人员可以向客户了解指定该供应商的原因，必要时帮助客户引入更有竞争力的新供应商，让现有供应商措手不及，从而扭转谈判的局势，取得最终的胜利。

破解客户指定供应商（二）

很快，小明在一个新项目中又遇到了客户指定供应商的情况，该供应商在谈判中同样是寸步不让。

但是，与上次不同的是，客户居然跟天波公司的销售人员打招呼，要求天波公司"照顾一下"这家供应商。

很显然，客户与该供应商存在某种特殊的关系，这次的事情要比上次的事情棘手得多。

真的没有办法了吗？小明正在发愁。

突然，小明再次想起了《把信送给加西亚》这个故事。他告诫自己，不达目的誓不罢休。

在采购经理的支持下，小明坚持邀请供应商的总经理来天波公司开会。在双方沟通完上个季度的交付和质量表现之后，小明再次提出了降本指标。

"客户不允许我们跟你谈价格。这不，昨天他们还给我打电话了，要求必须按照他们指定的价格供货。"供应商总经理一副非常为难的样子。

还好，小明提前制定好了应对策略，他不紧不慢地说："关于这一点，客户也跟我们打招呼了，所以我们不是来谈如何降价的，而是来谈年终返点的，这与客户的要求没有冲突吧？"

"这……"供应商总经理愣了几秒，思考如何回答。

"但是，我们为什么要给你们提供返点呢？就算是提供，也是给客户啊，毕竟是客户指定了我们。"供应商总经理的回答很露骨。

"我明白你的意思。"小明点点头。

"但你要从全局考虑。这个项目只占我司该品类采购额的30%。我司的其他项目都是从其他供应商处采购的。"说到这里，小明抬头看了一眼供应商总经理，发现对方正在聚精会神地听。

小明微微笑了一下，接着说："如果你答应提供年终返点，我们可以谈一个阶梯返点额度，也就是我司的年度采购额达到多少，你们要返相应的点数给我司，以此交换更多的业务。要知道，在现在这个市场环境下，业务扩张的机会可不多啊。"

供应商总经理微微地点了点头。

看到对方动心了，小明赶紧说："另外，你们的品牌也能通过其他项目被其他客户知道，这里面也有很多市场机会啊。"

"嗯，是这样的。我们很感兴趣。"供应商总经理完全认可这个说法。

"你们有目标值吗？"供应商总经理问。

"我们要求完成10%的降本。你看看，根据这些采购量，以什么样的方案返点最佳？"其实，降本指标是 5%，但小明知道应该何时运用"用你的还价镇住对方"这一谈判战术。

"好的，我回去研究一下。但是，有一个前提，那就是不能让客户知道这件事情。"供应商总经理临走时说。

"我一定保密。"小明向对方做出了保证。

很快，供应商总经理发来了电子邮件，主要内容是：在现有项目采购额的基础上，如果采购额翻一倍（占甲方总采购额的 60%），则同意返点 5%；如果成为独家供应商，则同意返点 10%。

小明对着屏幕笑了，心想：我怎么可能同意让你成为独家供应商呢？他通过电子邮件回复道："对不起，条件过于苛刻，我司不能接受。我方的底线是采购量翻一倍，返点 10%。如果贵司在一段时间内的质量、交付、服务表现都很好，后续我司会考虑增加采购额。"

综合考虑市场形势之后，供应商总经理认为这是一个难得的扩大业务规模、保增长的机会，最终同意了小明提出的条件。

就这样，小明再次破解了客户指定供应商的难题。

案例小结

采购人员在遇到难题时要秉持目标至上的原则，坚信方法总比问题多。采购人员不能轻信供应商，要用自己的还价镇住对方。采购人员要**充分利用自己的优势资源和市场条件与客户指定供应商交换条件，为己方赢得最大利益**。

破解客户指定供应商（三）

在三次破解品牌渠道保护问题、两次破解客户指定供应商问题之后，采购经理称赞小明大有长进，还给小明起了一个外号——"爆破小能手"。

可是，还没等小明高兴两天，销售经理又来找小明，神秘兮兮地说："客户又指定供应商了。"销售经理对小明千叮万嘱，让他一定要对这家供应商客气一些，因为这家供应商是一个大客户指定的，销售经理不想得罪这个客户。

"好的，只要对方给我们的条件说得过去就行。"小明点头答应。

这家供应商负责供应一种激光头用的控制单元，不简单但也不算非常复杂。

很快，供应商的报价就过来了，比同类产品高 30%，而且必须预付。这下可把小明难住了。

小明心想，我得搞清楚究竟是怎么回事，绝不能稀里糊涂地答应这个条件。

小明立即要求供应商提供样品。样品到了之后，他惊讶地发现，该供应商提供的样品是由另一家供应商生产的，只是贴上了该供应商的牌子而已。

小明邀请该供应商派代表前来谈判。双方见面寒暄之后，小明开门见山地说："你们的价格高得离谱，而且我司不可能接受预付，贵司必须重新报价。"

供应商代表的态度非常强硬，根本就没把小明放在眼里，寸步不让。

见此情形，小明决定直接揭他们的老底，当场告诉对方，自己已经发现该控制单元是贴牌的，而且天波公司与原厂有业务往来，完全可以绕开他们直接采购。

供应商代表有些慌张，连忙说需要回去商量一下，说完便匆匆告辞。

销售经理再次神神秘秘地找到小明，并把他拉到了一间小会议室里。进去之后，小明才发现会议室里还有别人。销售经理向小明介绍了一下，原来他是客户方的采购员。

"你就是小明？"客户一脸严肃，仿佛小明犯了天大的错误。

小明身正不怕影斜，不卑不亢地说："我就是。请问你有什么事？"

"那个控制单元的厂家是我们公司指定的，包括价格和付款条件，不需要你们插手。"客户的语气很强硬。

"你知道这个控制单元是贴牌的吧？"小明问。

"嗯。"客户只是点了一下头，不愿多说什么。

"我宁愿用原厂，原厂的交期、技术支持和质量都有保障，价格还能低30%，而且有账期。如果强行使用你们指定的供应商，出了质量问题，由原厂负责吗？"

"哦，这个问题倒是需要搞清楚。"对于小明提出的问题，客户有些猝不及防。

"还有一个问题正好当面请教。"小明理直气壮地说。

"请讲。"

"我找技术人员确认过，这个控制单元与你们的接插头并没有公母头的对接关系，也不存在电压和电流方面的匹配问题，这是哪门子的指定供应商？"说完，小明的眼睛直直地盯着对方。

客户显然对小明的咄咄逼人没有任何心理准备，刹那间甚至有些慌乱，一不小心说了实话："我们只是建议，没说指定啊！"刚说完，他就有些后悔了，赶紧给销售经理递眼色。

销售经理的脸都绿了，赶忙打圆场说："小明，我这里还有很多事要跟客户商量。指定供应商的事情我们回头再说吧。你先忙去吧。"

一走出小会议室，小明赶忙来到采购经理办公室，向经理汇报了整个情况。

当天下午，在天波公司例行的管理会上，采购经理向总经理汇报了此事，并当众批评销售经理乱搞客户关系，给供应端带来了巨大的麻烦。在总经理的批评下，销售经理承诺以后绝不接受该客户指定的供应商。

小明就这样又"爆破"了一家客户指定供应商，采购部也在公司内部树立了自己的威信。

案例小结

在谈判中，采购人员不能轻信供应商，要避免信息模糊不清，还要始终保持坚定的决心。同时，采购人员要充分了解产品，因为很多时候细节决定了成败。采购人员要了解客户指定供应商的原因，在有理有据的前提下要敢于与客户争辩，要敢于对**不正当的人情关系说"不"**。

特事未必特办

最近，天波公司拿到了一个新项目，批量大且紧急。自制肯定来不及了，只能委托竞争对手赶工出货。

这还不算问题，问题是天波公司的销售经理跟竞争对手的老板很熟，在采购申请尚未传达到采购部时，销售经理已经跟对方打好了招呼，谈好了价格和交期。在采购申请到达采购部的当天，销售经理便打来电话催促采购员下单。

"按照流程，采购部只有在完成询价、比价之后才能签合同。"这个项目由采购员小明负责，他赶紧解释道。

"你懂不懂什么叫特事特办？耽误了交期你能负责吗？"销售经理质问。

"稍等，我向经理请示一下。"小明赶忙来到采购经理的办公室。

详细汇报完情况之后，小明问："经理，我该怎么办？"

采购经理不紧不慢地反问："你说呢？"

"这是自制转外协的项目，我很清楚产品的成本。我发现竞争对手的报价并不是最低的，比我计算出来的目标价贵了 9%。"

"然后呢？"

"项目紧急，再找其他供应商询价、比价已经来不及了，我们应该与竞争对手谈判。"

"没错，谈吧。"采购经理满意地笑了。

小明刚刚回到座位，就发现手机上有未接电话，正是竞争对手的销售人员打来的，小明赶忙回拨。

"哎呀，我这边都备料排产了，你们怎么还不下订单？守不守信用啊？"对方在焦急地催促。

"是这样的，我们这边还在走询价、比价流程，而且你们现在的报价比目标价贵了 15%，领导不批啊。"小明假装在做多家比价，而且故意还了一个低价。

"嗨，是因为价格啊。你等等，我现在就去申请。"销售人员说完就挂了电话。

在谈判中，谁先动，谁示弱，小明心想。

又过了半个小时，对方打来电话说："降 15% 实在做不到，这次最多再让 6%。"

"这样吧，客户近期只是小批量采购，后续的订单量是目前的 10 倍，你们再考虑一下价格。目前，已经有别的供应商报出了我的目标价。我最多再等你一天，如果明天没有答复，我就把订单下出去了。"小明知道如何通过"造势"逼迫供应商尽快亮出底牌。

"这……好吧，后续批量的事我还真没想到，我再去申请。"对方又挂了电话。

第二天一早，小明打开电子邮箱，竞争对手的销售人员发了一封邮件，内容是同意降价 10%。当前的价格比小明的目标价还低 1%。

小明笑着回复道："同意按此价格下订单。"

天波公司的销售经理再也不打电话催促了。

案例小结

在谈判中，采购人员要敢于排除内部的干扰因素，营造出已有其他供应商参与竞争的氛围，夺回谈判的主导权，逼迫供应商尽快报出最低价。

引入"神秘嘉宾"

随着业务规模的快速扩大，天波公司需要在某地兴建分厂。其中，土木工程的采购任务由小明负责。

小明对项目所在地并不熟悉，在项目经理推荐下，他拿到了三家承包商A、B、C的联系方式。其中，C距离项目地址最近，B居中，A稍远。

经过邀标，小明发现A、B、C三家的报价相似度较高，有重大的串标嫌疑。在这种情况下，小明只得将此事上报给采购经理，公司随即决定暂不开标。

在之后的一段时间，小明轮流与A、B、C谈判，试图通过"别家的报价比你家低"的说法来分化它们，但是收效甚微。

项目不等人，小明只能让报价最低的C（只是略低于A和B）从一个小项目开始做，但他没有把所有的基建项目一下子都给C。

在此期间，C不停地催促小明尽快把整个项目给它，小明以A和B还在考虑降价为由进行拖延。

在这种情况下，C主动做出让步，同意将总包价从3 000万元降到2 850万元。

正在犹豫之际，小明通过偶然的机会联系上了距离较远的土建商 D。经过实地考察，小明发现 D 做过的土建项目质量过硬、口碑良好，于是邀请 D 参与报价。

之后，小明故意把这个消息透露给 A、B、C，并说："人家是后来者，也知道你们报过价，但仍然积极参与，还给我报了一个更低的价格。"

无论 A、B、C 怎么询问，小明始终守口如瓶，不肯透露 D 的报价。

在这种情况下，A、B、C 都慌了，报价一降再降，C 的最终报价是 2 380 万元。考虑到 C 之前已经做过小项目，验收部门的反馈不错，小明最终与 C 签署了总包合同，为公司额外节省了 470 万元。

案例小结

面对多家供应商涉嫌串标的情况，采购人员一定要沉住气，尝试引入"神秘嘉宾"，造成鲶鱼效应，让供应商措手不及，迫使其放弃抵抗，报出最低价。

与内部销售人员谈判的巧计

采购员小明在工作中经常遇到客户突然增加订单导致供应商供应不上的情况。供应商频繁来诉苦，小明只能向天波公司的销售人员说明原因，直言供应不上。但是，客户不可能总是听信销售人员的一面之词，有时反而会给天波公司更大的压力。迫于无奈，销售人员有时会直接找采购经理商量对策，并质疑小明的谈判能力。

采购经理找来小明，对他说："工作中处处是谈判，采购人员不仅要和供应商谈判，也要和内部客户——销售人员谈判。现在我教你一招巧计，以后遇到这种问题时，你可以用它为自己和供应商赢得主动。"

"还有这种巧计？洗耳恭听。"小明的耳朵都要竖起来了。

"采购人员永远不要跟销售人员说供应不上，而要让供应商把额外费用统计好，然后把这些费用报给销售人员。"采购经理用很慢的语速说了一遍。

接着，采购经理开始用实际的例子进行说明。

例如，销售人员说从下周起客户的订货量从每周 1 000 个增加到每周 3 000 个，此时采购人员应该怎么办？

采购人员要统计供应商的零部件库存、在制品、产成品和在途品的数量以及己方工厂的零部件库存、在制品、产成品和在途品的数量，算出订单增量后可以维持多久的供应。

假设供应商处的统计结果如下：

- 零部件库存 4 000 个；

- 在制品 2 000 个；

- 产成品 1 000 个；

- 在途品 1 000 个。

假设己方工厂的统计结果如下：

- 零部件库存 1 000 个；

- 在制品 1 000 个；

- 产成品 1 000 个；

- 在途品 1 000 个。

两处零部件库存、在制品、产成品和在途品的数量合计为 12 000 个，按照 3 000 个 / 周的需求量计算，只能维持四周的供应，之后很可能因为供货期较长的零部件缺失而供应不上。

此时，采购人员要让供应商统计以下额外费用。

（1）从现货市场购买原材料的费用。以电子件为例，现货价格一般是代理价格的 3~5 倍。

（2）紧急加班费。延长工人的工作时长需要支付额外的费用。

（3）紧急运费。例如，运输方式从海运改为空运或者从空运改为手提所产生的额外费用。

（4）紧急生产费。供应商把其他客户的订单都停掉，只生产本公司的产品，本公司需要支付额外的费用。

（5）紧急增加设备、模具、工装和场地的费用。供应商要求所有下级供应商把手中的订单停掉，腾出来设备、模具、工装和场地，以满足本公司的需求，本公司需要支付额外的费用。

可想而知，统计出来的数字一定是一个天文数字，而且有理有据。

在这种情况下，销售人员便会自己算一笔账，看看如果满足客户的紧急增量需求，那么公司到底是赚钱的还是赔钱的。

如果是赔钱的，销售人员便会把注意力从采购部门转移到客户身上，拿着这些额外费用去说服客户不要在短期内增加那么多的量，而要留出充足的准备时间进行平缓的产能爬坡。

因为这些额外费用都是有理有据的，所以客户也会担心供应商真的逼他们支付，往往会找计划员积极地调整预测和订单，配合供应商。

通过这种方式，采购人员间接地推动了客户供应链与己方供应链的协同，以及己方供应链与供应商供应链的协同，避免了额外费用的产生，更重要的是改变了自己一直被动挨打的局面。

"所以，从今天开始，你要学会说'能供应上，但是需要额外的费用'。"采购经理嘴角露出了一丝微笑。

小明忍不住笑了，他没想到经理有这么好的办法。

案例小结

采购人员遇事要多动脑筋，尤其是在与公司内部利益相关方打交道的时候，一定要分析他们的痛点并在谈判中找到恰当的时机和理由说服他们，避免自己在公司内部陷于被动，同时还要尽可能地帮助他们解决问题。

ECRS 降本

天波公司有一个老项目，相关的模具采购工作由采购员小明负责。

由于客户持续压价，项目经理提出了要求：在开复制模时，采购员必须完成降本 20% 的任务。

这可把小明给难住了，因为在立项时，模具的价格是写在合同里的，供应商 A 不同意降价，小明只好请教采购经理。

"我们需要关起门来解决这个问题。最好的办法就是通过产品本身降本。你听说过针对产品降本的 ECRS 法吗？"

"不知道。"小明摇头。

"ECRS 法是采购人员常用的针对产品降本的分析方法，其中，E 是 Eliminate，即移除，意思是删除不必要的零件或工序；C 是 Combine，即结合，意思是增加通用零件，减少零件总数；R 是 Rearrange，即更换，意思是把功能相同的零件换为更便宜的零件；S 是 Simplified，即简化，意思是用最少的零件满足最低的功能要求（见表 8-1）。只要按照这个思路与设计工程师沟通，就可以找出产品本身还有哪些削减成本的机会。"

表 8-1　ECRS 法

项目	含义
移除（Eliminate）	删除不必要的零件或工序
结合（Combine）	增加通用零件，减少零件总数
更换（Rearrange）	把功能相同的零件换为更便宜的零件
简化（Simplified）	用最少的零件满足最低的功能要求

小明随即运用 ECRS 法，与设计工程师一起开展模具分析，有了以下发现。

- 可以移除模具中不必要的散热块（E）。评估结果：对模具的散热影响不大。
- 可以购买品牌的热流道组件，减少异形加工件（C）。评估结果：不影响模具使用。
- 可以将现有模具的材质由 718H 调整为 316H 加局部 718H（R）。评估结果：模具寿命与产能均不受影响；
- 可以优化模具设计，减少滑块的使用（S）。评估结果：对加工工艺没有影响。

调整完模具设计之后，小明请现有供应商 A 和新开发的供应商 B、C 参与报价。A 的报价为 14 万元 / 套（刚好降本 20%），B 的报价为 15.1 万元 / 套（降本 13.71%），C 的报价为 13.89 万元 / 套（降本 20.63%）。

小明随即约请供应商 A 再次谈判。由于产品本身发生了变更，而且小明拿 C 的报价给 A 施加压力，A 最终同意再降一个点，总的降本幅度达到了 21%。

为此，项目经理专门给小明和采购经理写了一封感谢信，赞扬采购部的突出贡献。

案例小结

通过 ECRS 法，采购人员可以借助内部力量帮助供应商切实地降低成本，完成项目经理强压给采购部的艰巨任务，获得利益相关方的好评。

依靠内部决策

"经理，可以推荐一家别的机加厂吗？"周一刚上班，小明便急匆匆地推开了采购经理办公室的门。

"你想找什么样的机加厂呢？"采购经理问。

"能加工塔筒的，塔筒直径是 1.6 米。"小明直接说出了需求。

"瑞达不能做吗？"采购经理问。

"能做，瑞达希望我们给一个确定的时间和数量，而不是突然要求他们加工，也不给提前量。"小明挠挠头。

"跟生产部要个计划，提前做好安排。"采购经理说。

"上周五我就和生产部说过这件事，他们也不确定。"小明焦急地说，"成本是生产部计算的，把塔筒外协出去的费用比生产部自己制造的成本高，所以生产部想自己加工。但是，因为质量和交期达不到要求，他们突然要求把塔筒外协出去。昨天，也就是周日上午，他们才给我打电话要求瑞达外协加工，今天必须出结果。但是，昨天瑞达休息，无论我怎么说，他们的销售人员都不肯接单。现在，生产部反而指责我办事不力！"

"看来，外协是不可避免了。但是，如果没有清晰的计划，任何供应商都没法接这个活，再怎么谈判都没用。"沉吟半晌，采购经理说，"考虑到最优成本，如果你是生产部经理，你会怎么安排外协计划？"

"这……我还没想过，总需要做一些数据分析吧。"小明回答。

"这样吧，你去生产部把数据要过来，我们马上分析一下。"采购经理做出了指示。

很快，小明集齐了表 8-2 所示的资料。

表 8-2 公司自制与外协瑞达的指标对比

方案	质量指标	交货滞期（天）	单位成本（元 / 件）	加工总量（件）
公司自制	0.93	9	2 000	36
外协瑞达	0.96	7	2 600	—
评估指标	0.95	8.5	—	—

为了满足工期要求，必须满足的条件如下：

- 公司机加车间至少加工 10 件；
- 瑞达至少加工 12 件；
- 待加工塔筒总数为 36 件。

"其实，这是一个订货数量问题。在知道目标之后，我们可以列出如下关系式。"采购经理边说边在纸上写。

目标：总加工成本最低。

约束条件：

- 平均质量指标 ≥ 0.95；
- 平均交货滞期 ≤ 8.5。

基本条件：

- 公司产能预留 ≥ 10；

● 瑞达产能预留≥12。

设公司分配 X_1 件塔筒,瑞达分配 X_2 件塔筒,总成本为 C,则模型为

$C_{min}=2\,000X_1+2\,600X_2$。

$X_1 \geqslant 10$

$X_2 \geqslant 12$

$X_1+X_2=36$

$0.93X_1 + 0.96X_2 \geqslant 0.95 \times 36$

$9X_1 + 7X_2 \leqslant 8.5 \times 36$

解得:公司加工 12 件,瑞达加工 24 件,最低总成本为 86 400 元。

"经理威武!"小明佩服得五体投地。

小明说:"我好久没有碰数学了,还真是有点难啊!"

"你可以用 Excel。"采购经理在计算机上打开了 Excel。

"经理,慢一点,我要拍个照!"小明连忙掏出手机。

采购经理给小明演示了在 Excel 上的操作方法。

(1)新建工作簿,输入所有的约束条件,依据数学表达式在 D、G 列相应位置输入公式(见图 8-1)。

	A	B	C	D	E	F	G
1							
2		公司自制	瑞达机械				最低总成本
3	单位成本	2000	2600				0
4							
5						接受程度	
6	质量指标	0.93	0.96	0	≥	0.95	34.2
7	交货滞期	9	7	0	≤	8.5	306
8	保证产能				≥	10	
9					≥	12	
10							本标段数量
11	产能分配				0		36
12							

图 8-1　输入约束条件和公式

（2）切换到"数据"选项卡，单击"规划求解"按钮（见图 8-2）。

图 8-2　单击"规划求解"按钮

（3）依次设置目标值位置、可变值和约束条件（见图 8-3）。

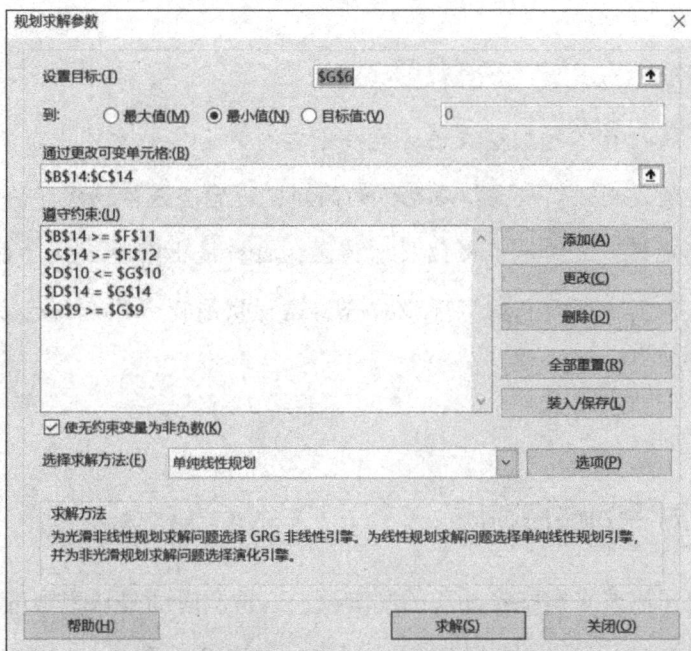

图 8-3　设置目标值位置、可变值和约束条件

（4）单击"求解"按钮，得出结果（见图 8-4）[①]。

---

① 本案例由葛永军先生主笔，特此致谢。

	A	B	C	D	E	F	G
1							
2		公司自制	瑞达机械				最低总成本
3	单位成本	2000	2600				86400
4							
5						接受程度	
6	质量指标	0.93	0.96	34.2	≥	0.95	34.2
7	交货滞期	9	7	276	≤	8.5	306
8	保证产能				≥	10	
9					≥	12	
10							本标段数量
11	产能分配	12	24	36		0	36
12							

图 8-4 求解结果

案例小结

采购人员不能期望在己方连一个可行的方案都拿不出来的情况下，通过谈判让供应商解决己方的问题，这完全是不切实际的。

有时候，采购人员必须反客为主，自行提出解决方案，先获得内部的认同，再请供应商予以配合，这样供应商才愿意与己方长期合作。

善于利用对手的性格特质

天波公司需要采购指定品牌的润滑油，这种润滑油是从德国进口的。

由于是指定品牌，供应商也就成了唯一供应商，采购人员无法引入新供应商参与竞争，在谈判中始终处于劣势。

雪上加霜的是，供应商的销售经理虽然是一个中国人，但和不少德国销售人员一样，非常喜欢拒绝客户。小明和他谈过几次降价的事情，均以失败告终。

某段时间，原油价格暴跌，以此为契机，小明决定再次邀请供应商的销售经理商谈降价事宜。

"原油价格都已经跌成这样了，你们也该让一点利了。"小明开门见山地抛出议题。

"原油的价格与润滑油的价格没有关系。"果不其然，销售经理仍然拒绝降价。

"润滑油里有很多配料，工艺也很复杂。虽然原油价格下跌了，但是有的配料反而涨价了，这段时间人工费和运费也涨了，所以我们承担着很大的成本压力，未来可能还会涨价。"销售经理针锋相对、毫不退让。

小明当然不会轻易就范，考虑到公司的存货较多，他中止了这次谈判。

两天后，供应商的销售经理察觉到一丝异样，他担心天波公司更换润滑油供应商，于是打来电话询问近况。

小明猜到了他的意图，便顺势说："我们的确在与某知名品牌润滑油厂家接触，该润滑油的品质在业界相当受认可，折扣的力度也很大。"

"对于润滑油，考量的主要是性价比。他们的润滑油也适用于你们的设备，但是性价比不行，耗用量比我们的润滑油高多了。"销售经理看破了小明的招数。

"对方真是专家啊，什么都懂，看样子真是瞒不过他！"小明心想。

小明突然想到，这个人对待工作一丝不苟，是一个很有原则的人，按照这样的性格特质，他会不会有很强的民族情结呢？

小明用诚恳的语气说："天波公司是国内优秀的民营企业，我以在天波公司工作而感到自豪。我们都是公司的员工，维护公司的利益是我们的基本职责，这个是理所当然的。但是，你们的产品利润率非常高，这一点你我都很清楚。在原材料价格大幅度降低的情况下，你们有充足的让利空间。你虽然在外企工作，但也是中国人，能不能请你向公司申请一下降价？我相信，像天波公司这样的国内企业发展得越好，你们外企在国内市场获得的机会也就越多。"

电话那头沉默了几秒，销售经理显然没有料到小明会说这些话。最后，他说他会找领导请示一下。

20 分钟后，电话响了，对方同意将价格从 52 元 / 公斤降到 48.5 元 / 公斤。

小明不依不饶，要求单价再降 0.5 元 / 公斤，降到 48 元 / 公斤。

销售经理直言："我已经尽力了，48.5 元 / 公斤是公司的底线。"

听到对方语气非常诚恳，小明便接受了这个价格。

案例小结

小明运用有效的话术，成功地让供应商的销售经理在情感上倒向了天波公司，降低了对抗的强度，最终取得了不错的谈判结果。可见，在某些特殊情况下，采购人员可以抓住谈判对手的某些性格特质或者特殊情结，让谈判结果变得对己方更加有利。

谨防上当受骗

俗话说："怕什么就来什么。"

"相同的散热片，其他供应商的报价都在 90 元以上，你为什么选择报 70 元的供应商？"看着比价表，采购经理脸上有一丝不悦。

"该供应商再三保证质量达标，他们提交的样品与其他供应商的样品看不出明显的区别，价格又便宜，为什么不选呢？"小明感到疑惑。

"我给你出一道题。"采购经理决定用讲故事的方式来启发小明。

"据说，伟大的哲学家、思想家和教育家亚里士多德曾经提出过这样一个问题——如果有一把绝世好琴，我们应当把琴交给什么样的琴师呢？学生给出的答案五花八门。有人说应该选拔出最优秀的琴师，把琴赠予他，供他创作不朽的佳作；有人说应该把琴给技艺不成熟的琴师，让他因此而获得惊人的进步；还有人说不如通过抽签决定谁是琴的主人。你会如何选择呢？"

小明想了想说："好琴配好师。"

"对。如果让著名经济学家、诺贝尔经济学奖得主罗纳德·科斯来回答亚里士多德的问题，他也会选择第一个答案——好琴配好师，以实现资源的最优配置，实现社会效益的最大化，这正是对科斯定律的最佳诠释。在我的从业经历中，坑最多的情况就是'物美价廉'的超低价产品中标。例如，我们公司曾经采购过一种设备，A 的产品比 B 的产品便宜了一半。买回来之后，我们才发现，A 的产品精度低、能耗大、保养费用高。按照生命周期总费用计算，一点儿也不比 B 的产品便宜。所以，'物美价廉'只是供应商迎合采购人员的一种说辞，在充分竞争的市场环境里只有'一分钱一分货'才是硬道理。也就是说，只有价格和质量匹配的产品，没有物美价廉的产品！"

"原来是这样。散热片市场是充分竞争的市场，70 元这个价格远低于市场平均价格，里面一定有问题。"小明恍然大悟。

"对，你拿着样品去实验室做探伤。凭我多年的经验，这个散热片多半和其他供应商的散热片不一样。"

果然，检测之后，小明发现样品内部气孔很多。小明与供应商交涉，供应商只好承认他们用的是回收铝材，质量较差，采购经理的判断是正确的。

随后，小明和采购经理决定停止与该供应商的一切合作，将其放入了黑名单。

案例小结

在谈判中，供应商报出过高或者过低的价格都不是好事，采购人员要仔细地调查背后的原因，谨防上当受骗。如果发现供应商有不诚信的行为，如以次充好，采购就要立即停止谈判，另寻合适的供应商，不要给不良供应商任何可乘之机。

避免主观错误

根据个人的经验，在一场成功的采购谈判中，人的主观因素发挥的作用占五成，谈判战术方法发挥的作用占四成，专业知识发挥的作用只占一成。

换句话说，采购人员对谈判的主观认知会在很大程度上左右谈判的结果。

但是，在日常的工作场景和线上、线下的培训中，我发现很多采购人员对谈判持某些具有共性的错误认知，如果不彻底改变这些认知，他们一定会在采购谈判中吃很多亏，让公司损失很多利益。

因此，本篇特意总结了采购谈判的 36 个误区，其中既有心理上的误区，也有方法上的误区。请大家一定要了解这些误区，并在采购谈判的实践中避开这些误区。

第 9 章　采购谈判的 36 个误区

本章将解答采购人员普遍关心的下列问题：

- 哪些因素在阻止采购人员通过谈判获得最大利益？如何规避？
- 采购人员常常对谈判有哪些错误的认知？
- 常见的错误的谈判方法有哪些？

01　相信"双赢"

谈判之所以能够谈出结果，是因为甲乙双方交换了利益。只不过，在这个过程中，采购人员要确保己方获利最大，又不至于使供应商产生退出谈判的想法。

但是，如果采购方过分担心谈判没有结果，在谈判中过于在意供应商的诉求，就容易被供应商牵着鼻子走，最后谈出的结果未必有利于采购方，这就是所谓的"伪双赢"。

因此，采购人员要避免陷入追求"伪双赢"的误区，只要供应商还愿意坐在谈判桌前，就要想方设法迫使其让步。

02   照单全收

在采购谈判中，偶尔会发生这种情况：供应商答应了采购方提出的所有的苛刻条件。例如，采购方要求获得市场最低价、180天账期、紧急交付等，供应商全都答应了。

在这个世界上，没有供应商是万能的，也没有供应商会做赔本的生意。

当出现这种情况时，供应商往往已经设计好了套路。例如，供应商可能在刚签完合同后就要求涨价，将项目转包出去并扣押分包商的货款，或者编造各种理由迟迟不交付产品等。

因此，面对供应商"照单全收"的情况，采购人员切不可因小失大、上当受骗，而应当中止谈判，另寻多家供应商相互比较，直到搞清楚状况为止。

03   不懂装懂

在采购谈判中，有时会涉及复杂的工艺要求或者繁复的合同条款。有些采购人员一味追求最低价，没有与供应商确认这些内容，这时墨菲定律往往会应验，即越是容易出错的地方越会出错。

如果双方对于复杂要求的理解不一致，那么很可能会出现刚谈完供应商就要求涨价或者做不出来产品的情况，导致谈判失效。

04　压力过大

在很多艰难的谈判中，采购人员往往承受着很大的压力。由于降本指标难以完成，采购人员往往在谈判中备感煎熬，分散了注意力，这将对谈判结果产生不良影响。有些承压能力较弱的采购人员甚至在谈判中只求尽早脱身，不顾结果。

面对各种压力，采购人员必须学会给自己快速降压。

在这里介绍一种我认为很有效的方法，那就是在谈判开始之前对自己说"反正死不了"，这样心理压力就会小一些。

只有卸下包袱、轻装上阵，采购人员才能更好地聚焦于谈判本身，取得更好的结果。

05　精力不足

谈判是一件非常耗费精力的工作，采购人员必须全神贯注、开动脑筋、因势利导。

在谈判开始之前，采购人员一定要保证自己的身体处于良好的状态。如果实在觉得疲劳，采购人员可以饮用咖啡或茶来提神。

在谈判的过程中，采购人员一定要表现得精力旺盛，只有这样才能镇住对手。如果采购人员在谈判的过程中呵欠连连，那么对手一定会放心大胆地猛攻。

06　手下留情

有些采购人员在谈判中过于注重与供应商维持良好的关系，总是同情供应商。有时候，供应商之前帮过一些忙，采购人员便在谈判中手下留情。

其实，在谈判中只有合理，而没有合情。

既然供应商愿意与采购方合作，就一定有他的道理。

采购人员要准确把握自己的职责，在谈判中确保甲方利益最大化。如果顾及人情，就会把谈判复杂化，甚至"里外不是人"，影响自己的职业发展。

想一想，如果你手下留情，你的领导、公司高层会怎么看待你？

他们会认为你很善良，还是会认为你谈判能力不行呢？

07　甩手掌柜

通过谈判来解决复杂的问题时，最好的情况是由采购方提出有利于自己的方案，又不至于引起供应商的反对。

不过，在实际工作中，很多采购人员一味地把问题推给供应商，单方面要求供应商想办法解决问题，就像甩手掌柜。

这种做法往往会让谈判无果而终，而且采购方也得不到应有的补偿。

08　急于求成

采购人员要想在谈判中取得最好的结果，就不能急于求成。即使项目真的很紧急，也要装出一副不着急做、不做也行的样子。

其实，在采购谈判中，更着急的应该是供应商的销售人员，因为他们需要在激烈的市场竞争中完成自己的销售任务。

对采购人员来说，只要拥有足够的耐心，慢慢地与之周旋，不让供应商看出自己急于下单，往往就能在谈判中获得更大的利益。

09 不做准备

不提前做准备是采购谈判的大忌。

当然，有些采购人员说，自己的工作量过于饱和，能够用来做准备的时间太少。

即使稍做准备也比不做准备强很多。在谈判中，一旦供应商发现采购人员对谈判的内容没有头绪，就会彻底夺走谈判的主导权，迫使采购人员放弃应得的利益。

10 害怕麻烦

在采购谈判中，有时候供应商会提出自己关心的问题。

例如，采购人员说己方正在研发新产品，如果供应商将现有产品的价格降低 3%，他就邀请供应商介入新产品的研发。这时，供应商一般会询问新产品的市场定位、需求数量、研发周期等。

当遇到这种情况时，采购人员应该先在公司内部收集相关信息，再通过二次会议将这些信息提供给供应商，让供应商看到己方提出的条件是可信的，使其放心地同意降价。

采购人员如果怕麻烦，不提供这些信息，就无法打消供应商的顾虑，很容易错失良机。

11 停止思考

很多采购人员在谈判时只会开门见山地说，再降多少个点，马上就签合同。

一旦遭到供应商的拒绝，他们便会停止思考，陷入恐慌，导致谈判无法进行下去。

其实，人都有自己的舒适区和挑战区。只有强迫自己不断地跳出舒适区，步入挑战区，人的能力才会得到提升。

因此，采购人员在谈判中要多动脑筋，多想想谈判技巧和成功案例，通过多种方式与供应商周旋，将谈判进行到底。

12 和盘托出

采购人员在谈判中要少说多听。

在做公司介绍和自我介绍时，要扬长避短，不要把所有情况都交代一遍，否则就会给供应商可乘之机。

例如，我曾经见过一位工作不久的采购员在谈判前的寒暄中把自己毕业于哪所学校、所学专业和工作年限和盘托出，甚至强调自己谈判经验不足，请供应商多多关照。

这只会使供应商获得更多的力量。最后的结果恐怕是，只见供应商笑，不见总经理哭。

其实，这位采购员的长相老成，气质沉稳，讲话颇有气场，完全有条件在谈判中镇住供应商。可惜，他在没有接受过任何谈判训练的情况下，硬要赶鸭子上架，谈判结果当然不尽如人意。

13 没完没了

谈判是有成本的，包括时间成本、机会成本和管理费用等。

采购人员在谈判中要把握节奏。在己方占据优势时，采购人员要采用恰当的战术逼迫供应商在某个时间节点之前做出让步，避免谈判没完没了地进行。

14 不留余地

一场谈判能够谈出结果，一定是因为任何一方都不想退出。

因此，在谈判中，采购方不能提出特别过分的要求。

例如，有一家整车厂在零部件定点时已经把价格压到了最低。在新车上市前，采购人员又要求供应商降价 15%，否则就切换供应商。迫于压力，供应商只能答应。

在新车上市后，因为前期宣传到位，销量是预测的两倍。此时，整车厂强硬地要求供应商承担设备费和模具费，增产保供。

但是，整车厂在前期已经把零部件的利润压榨干净了，没有供应商愿意自掏腰包。整车厂的态度始终很强硬，毫不妥协，最终导致整车厂没有足够的车辆满足市场需求，影响了自身的销售业绩。

因此，采购方要根据实际情况，在谈判中留出适当的回旋余地，不能逼得供应商翻脸，否则谈都没得谈，采购方只能自己承担损失。

15 信口开河

在谈判中，采购人员应该确保自己透露的信息是准确的，不能信口开河，否则容易被供应商抓住把柄。

例如，某整车厂的采购员在与零部件供应商谈价时说零部件上的某个不起眼的小轴承的单价不应该是 7 元，而应该是不到 1 元。供应商心里很清楚，这个轴承是进口的，7 元是合理的市场价，1 元不可能买得到。据此，供应商断定整车厂的采购员很业余，于是笑着回答："如果 1 元能够买到，有多少我要多少。"

这让整车厂的采购员哑口无言、颜面尽失。

在之后的谈判中，供应商变得肆无忌惮，随意搪塞采购员。

采购员的信口开河暴露了自己的无知，导致供应商在谈判中获得了主导权，最终必然无法取得理想的结果。

16 过于创新

所有的企业都在鼓励创新，但是在实际工作中，创新常常是一句口号，无法落到实处。

为了赢得采购人员的好感，增加自身的吸引力，某些供应商会说自己在研发某种材料，一旦问世，价格就会下降 20%，以此吸引采购方与其合作。

这种挂在嘴边的创新往往走不出实验室。除非有可信的证据，否则采购人员绝不能轻信这种话，因为供应商的目的就是用这种"创新"换取采购方的妥协和让步。

17　过于乐观

我们常说事情要往好处想，做人要乐观开朗，但是在谈判中往往却不是这么回事。

在采购谈判中，过于乐观容易让人脱离实际。

采购人员在谈判中要识别风险、解决问题，为己方争取最大利益，而不是盲目地憧憬双方的合作前景有多么美好，甚至据此在谈判中妥协退让。

18　轻信对方

一旦你信任某个人，你在与之合作的过程中就不会忧心忡忡，而是身心愉悦。

但是，在谈判中，轻信供应商往往容易导致采购人员上当受骗。

例如，供应商经常会说这是最低价，或者说这是最后一次报价。但是，等采购人员冷落供应商若几干天后，供应商往往会主动联络采购人员，同意再次降价。

想一想商场里打折促销的套路，你就知道不能轻信对方了。

19　非黑即白

在谈判中，什么样的情况都有可能发生。

例如，第一轮报价最高的供应商有可能在最后时刻报出最有竞争力的价格。

因此，采购人员切忌在谈判中以非黑即白的思维行事，不要过早地排除或选定某家供应商，否则就会失去扩大战果的机会。

20　滥用战术

很多采购人员在谈判中都会运用一种谈判战术——"用你的还价镇住对方"，但是由于没有站得住脚的理由，换来的往往是供应商的嘲笑或礼貌的拒绝。

因此，采购人员在使用某些谈判战术之前，一定要确保自己理解到位，制定的方案足够严谨，不能只是照猫画虎。

21　口头许诺

在谈判中，为了获得合同，有时供应商会故意做出一些口头许诺，但是谈完了之后却不承认。

例如，在设计外包服务采购谈判中，供应商往往会用低价策略赢得合同。但是，设计外包服务的特点是，一旦供应商参与设计，采购方便难以切换供应商。因此，很多供应商可以不赚钱或者亏钱报价，但未来采购方提出增项时，他们便会狮子大开口，把利润全都赚回来。在这种情况下，采购人员说出自己的担心，供应商往往会口头承诺对新项目或项目增项给予相同的价格折扣。但是，除非把承诺明确写入合同，否则供应商后期很可能不承认。

因此，采购人员一定要注意规避供应商做出口头承诺、事后却不承认的风险。

22 滥竽充数

在采购谈判中经常会出现滥竽充数的现象。

例如，如果某些供应商的质量、产能或交期根本无法满足项目要求，采购人员就一定要在招标前查明，提前将这些供应商剔除。

还有一种情况是参与谈判的人太多，但与项目直接相关的人太少。这时，采购人员应本着"人不在多而在精"的原则，请不相关的人离开。

23 信守"承诺"

在谈判中，有时候采购人员并非主观故意，却做出了不可靠的承诺。

例如，明年明明没有增量，采购人员却因自己记错，告知供应商明年采购量会翻倍，以换取供应商的降价。事后发现不对时，采购人员不得不通知供应商取消降价，以便维护个人信用。

其实，对于口头的、未记录的、供应商遗忘的、已经超出自己权限但没有写入合同的承诺，采购人员在事后可以不提。

供应商之所以愿意与采购方合作，主要是因为已经写在合同上的、双方必须履行的承诺。对供应商来说，那些没有留下书面记录的承诺往往没有采购人员想的那么重要。

24　纸上谈兵

在谈判中，采购人员面对的是人，而不是教科书。

谈判是一门灵活的艺术。认为自己应该能在谈判中占据优势和真正在谈判中占据优势是两回事。有些采购人员自认为占据绝对优势，但真正开始谈判之后，面对的供应商的强硬态度，他们却只会妥协退让。

采购人员要敬畏每一位谈判对手，要做好应对意外情况和对己方不利的情况的心理准备，面对挑战时要开动脑筋，不能纸上谈兵。

25　责备对手

谈判讲理而不讲情。

最终能否谈成取决于双方的意愿，不应一味地责怪某一方或者把问题归咎于某一方。

即使谈判没有取得任何结果，采购人员也不要责备供应商，不要认为供应商造成了谈判失败。

遇到问题时，采购人员要多从自己身上找原因，只有这样才能真正提升自己的谈判能力。

26　自信不足

有些采购人员缺乏自信心，很容易自我否定，怀疑自己是否适合做采购工作。

在谈判时，如果采购人员显得不够自信，就会让供应商获得力量，占得便宜。

如果无法在短期内克服自己的心理障碍，采购人员可以邀请自信心强的同事或领导参与谈判，为自己树立学习榜样，逐步增强自信心。

27　缺乏支持

很多采购人员之所以谈判不利，并不是因为他们不够强硬或者没有掌握正确的方法，而是因为内部沟通不畅，无法获得内部的支持，拿不出吸引供应商的交换条件，或者公司内部不愿接受谈判结果。

例如，采购人员以增加最小起订量换取供应商降价 2%，但如果事先没有与物流部沟通好，物流部就很可能不同意，这会导致谈判没有结果。

因此，对采购人员来说，谈判不仅涉及供应商，还涉及内部的其他部门。与内部利益相关方做好沟通是谈判前的重要准备工作。

只有取得内部支持，采购人员与供应商的谈判才有意义。

28　朝令夕改

在谈判中，己方提供的信息频繁变动往往会让采购人员陷入被动，例如，项目的预测量不准，起始时间一拖再拖等。

这会让供应商对项目本身或采购方失去信心，进而影响谈判的结果。

因此，采购人员在谈判前一定要搞清楚相关细节，不打无把握之仗。

29　消极旁观

在采购谈判中有一个普遍存在的问题：采购人员自认为只是一个打工的，缺乏责任心，得过且过，消极旁观。

这类采购人员的口头禅是："反正不是花自己的钱。"

这种消极的态度有损职业采购人的形象，既耽误了公司又耽误了自己，切不可效仿。

30　矛盾升级

谈判的过程既是利益交换的过程，也是解决矛盾的过程。

但是，在很多时候，由于谈判双方错误的做法，如对人不对事等，反而容易导致矛盾升级、关系恶化，双方的谈判代表陷入敌对状态。

这对谈判毫无益处，采购人员要尽量避免。

31　先入为主

供应商的老板或销售人员往往非常善于"造势"，采购人员在对其不十分了解的情况下，容易陷入先入为主的误区。

例如，供应商为了获得进入某个行业的敲门砖，往往喜欢运用低价策略，先拿下一两个项目。但是，采购人员想要开发的供应商应该是成本确实比别家低的供应商，而不是只做一两个项目就退出的供应商。

供应商常常会说自己的成本真的很有竞争力，其目的是打消采购人员的顾虑，采购人员切不可轻信。在谈判中，采购人员不能预设立场，不能事先盘算好给哪家供应商项目或者不给哪家供应商项目，而应该做好成本调查和客观评价，通过系统的方法了解供应商的真实成本，之后再做出判断。

32 意气用事

采购人员与供应商建立长期的合作关系之后，难免会在情感上有所倾斜，因此也就产生了关系较好的供应商与关系一般的供应商之分。

出现这种现象毫不奇怪，因为人都有情感，而情感是主观的。

但是，在与供应商谈判时，采购人员切不可感情用事。采购人员可以邀请公司内部的多个利益相关方参与谈判，确保己方做出客观的评价，避免个人主观感受影响谈判结果。

33 脾气失控

采购人员在谈判中表现得足够强硬可以给己方带来更多的利益，但如果情绪失控、大吵大嚷，就过了头，而且会影响自己的口碑。

我有一位同事脾气比较暴躁，他虽然很善于谈判并且业绩斐然，但他在谈判中经常情绪失控，时不时就会遭到供应商的投诉。因此，他虽然工作了很多年，但公司一直不敢提拔他做管理岗，因为坏脾气给他带来了不好的名声。

34　墨守成规

谈判的本质是利益交换。

但是，有的时候确实没有可供交换的利益，此时采购人员就要重新思考造成问题的原因，寻找从根本上解决问题的方法。

例如，一家医疗器械公司常年使用一种零部件，十几年都没有做过设计变更。经过多年的降价谈判，供应商的利润空间已经所剩无几，供应商根本没有降本的动力。如果采购人员继续墨守成规，那么通过谈判获得降本业绩几乎是不可能的。

面对这种情况，采购人员只能在产品设计上找降本机会，待设计得到优化之后，再去找供应商议价。

35　期待过高

在谈判中，采购人员要始终以我为主，不能一味地期待供应商解决所有的问题，或者供应商突然变得诚信，或者供应商突然发生好的转变，以此帮助自己实现谈判目标。

如果有这种不切实际的期待，采购人员就会产生依赖心理，很容易被供应商牵着鼻子走，但问题却得不到解决。

36 不愿学习

大量实践证明，一个人的谈判能力是可以通过学习和训练大幅度提升的。

一位优秀的采购人员应该是一位终身学习者。

学习是借鉴别人的成功经验的过程，学习可以使自己少走弯路，学习是迈向成功的捷径。

只有通过学习不断地开阔自己的眼界，提升自己的思维和业务能力，采购人员的谈判能力才会相应地提升，职业发展之路才会越走越宽广。

结语 谈判即诡道

在经历了大大小小的几百场采购谈判之后，我深切地体会到，谈判并不是一个社交的场合，而是一个博弈的战场。

对经验老到的供应商来说，谈判开始之前的第一要务就是摸底。

所有的嘘寒问暖都是表面现象，供应商的目的只有一个——探知甲方的信息，了解采购人员的过往经历和性格特征，以便在谈判中找到对方的软肋、对症下药。

因此，在谈判时，采购人员切不可泄露对谈判无益的信息。

同样是一场谈判，由不同的人来主导，其结果大不相同：秉性善良的人主导谈判，往往大上其当，自己却毫无察觉；善于博弈的人主导谈判，往往大获全胜，令旁人相形见绌。

因此，要想赢得谈判，采购人员一定要明白谈判的本质。

谈判的本质是什么？

《孙子兵法》云："兵者，诡道也。"商场如战场，谈判是商战最典型的场景之一，因此，谈判即诡道。

在谈判中，采购人员要在合法合规的前提下，运用一切可以利用的资源和手段赢得胜利。采购人员要头脑灵活、讲话严谨，时刻保持强硬的态度和坚定的决心，无论遇到多大的困难都不言放弃，这样才能突破供应商的心理防线，迫使供应商脱掉伪装，把注意力转移到如何提供最有竞争力的条件这一关键点上，从而使甲乙双方的目标重叠起来，实现让甲方利益最大化的"真双赢"，而不是大上其当的"伪双赢"。

当然，在谈判陷入僵局时，采购人员要通过整合内部资源与供应商一起创造更多的价值，这种做法是非常值得推荐和鼓励的。

只要供应商愿意来到谈判桌旁，本书介绍的所有谈判知识、方法和技巧就能派上用场。

在本书正文的结尾，我们再次复习一下采购谈判知识轮盘，以回顾本书涉及的主要知识点。如需该轮盘电子版，请通过我的微信公众号"采购实战家专栏"下载。建议大家把它打印出来放在手边，随时浏览。

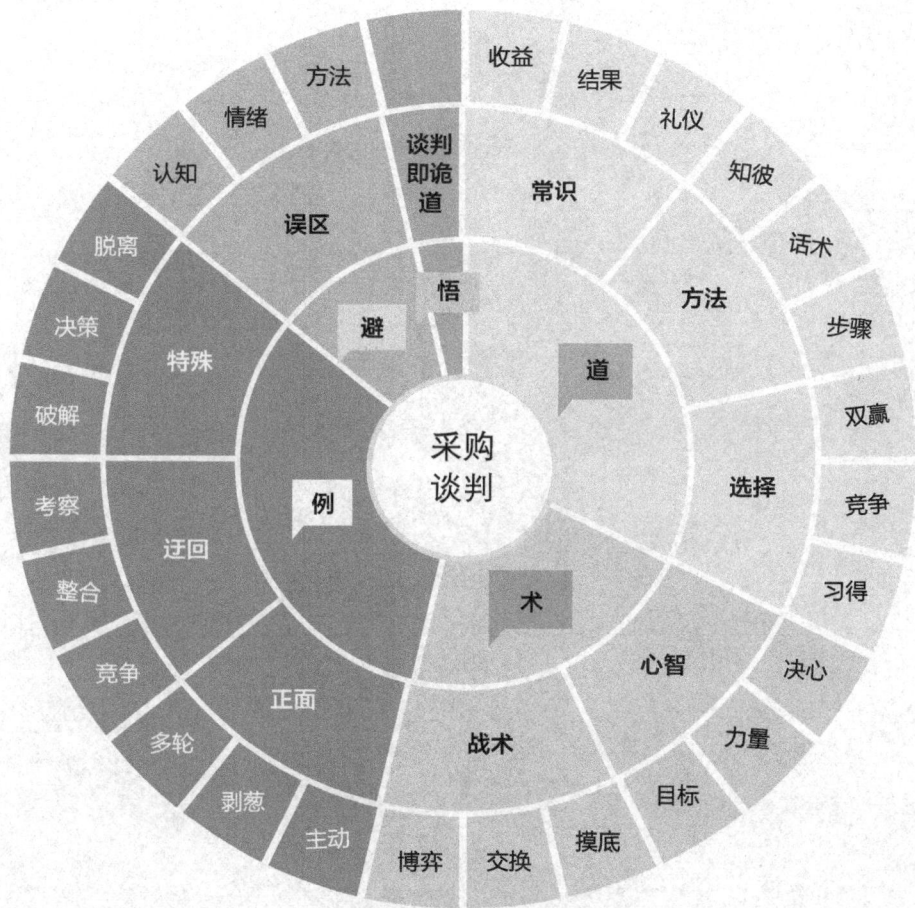

采购谈判知识轮盘

后记

像我这样一个相貌平平、没有什么背景、也没有什么天赋的采购人，创作一本高效赢得采购谈判的实战指南，需要多久？

答案是 15 年。

当然，我并非 15 年都在写书，我花了 14 年实践和总结经验。

一、将努力常态化

我曾经因为人到中年还没有任何成就而气馁，我曾经认为糟糕的环境制约了我的发展，我曾经觉得自己是那样的渺小，根本无法改变自己的命运，所以我便理所当然地得过且过，心安理得地不思进取，甚至相信"木秀于林，风必摧之"之类的鬼话，浑浑噩噩地度过了我的前半生。我靠着"比上不足，比下有余"的念头来自我安慰，直到青春已逝，才发现自己**连一点有价值的东西都没有留下**。

我常常在周日晚上思考接下来应该学点什么，然后周一照常深埋于繁忙的工作之中，到了周五想着周末如何消遣，周日又开始焦虑，循环往复。我总是在思前想后、犹豫不决，却很少真正付诸行动。

偶尔看一点书，学一点知识，考一个证书，我便以为自己已经付出努力了。

直到真正开始坚持读书、写作和授课，我才明白，**人生最可怕的从来都不是输，而是放松对自己的要求。**

一时的努力不是努力，而是昙花一现、半途而废、自欺欺人，是"伪努力"。

我发现，在我参加饭局时，在我睡懒觉时，在我给自己贴上**"我的人生这样就可以了"**的标签时，很多人都在默默地努力着。

有一位500强企业的采购总监通过我的微信公众号"采购实战家专栏"与我相识之后，便一直给我鼓励。后来我才知道，他在每天工作到很晚之余，仍在坚持学习，之前考取了麻省理工学院的供应链管理硕士学位，目前正在在职攻读牛津大学的供应链管理博士学位（国际班）。他的年龄与我相仿，他的父母所提供的物质条件并不优越，他完全是凭着自己的努力一步一步走到现在的。但是，他从不给自己贴标签，从来没有抱怨过这个世界，始终在奋力爬坡。

他的成长经历让我发现，当很多人的一年时光仅仅留下一片空白时，有的人已经站上了一个新的台阶，结识了新的朋友，学到了新的技能，开拓了眼界和见识。

我领悟到，**在这个世界上没有什么奇迹，只有努力的痕迹。**

人生根本没有天花板，只是有些人爬坡爬累了，坐在那里休息，看着别人故作轻松地从自己身边走过，便以为别人拥有更加优越的条件，而自己却**"遇到瓶颈"**了。

这个所谓的"瓶颈"，其实根本就是**自我放松、自我否定，**没有把努力

常态化，与别人没有一丝一毫的关系。

二、一万小时定律

一万小时定律是作家格拉德威尔在《异类》一书中提出的定律。

"人们眼中的天才之所以卓越非凡，并非天资超人一等，而是付出了持续不断的努力。**一万小时的锤炼是任何人从平凡变成世界级大师的必要条件。**"

他将此称为"一万小时定律"。

换句话说，如果每天工作 8 小时，每周工作 5 天，那么通过 5 年的努力，任何人都可以成为某一领域的专家。

我听过这样一个故事。一位大学生问一位科学家："你选择在大学教书是因为喜欢这份工作吗？"

这位科学家的回答是："我不喜欢教书，这只是一项重复性的劳动。但是，大学里有很好的实验室，我会利用**第二个八小时**来做自己喜欢的研究。人与人的差异并不是来自于第一个八小时，因为你在第一个八小时里只是在做与相同岗位的人没有区别的工作，而令你与众不同、取得成就的是你在第二个八小时里体现的学习能力、社交能力和专注度。"

这个故事是对一万小时定律最好的诠释。不是说你加班比别人多，就会比别人更有成就。只有利用好第二个八小时，做好与你匹配的事情，长期积累，你才能从量变走向质变，活成自己想要的样子。

在持续专注于读书、写作和授课的这段时间，我经常从晚上七点开始，直到凌晨三点才休息，第二天还要按时上班，很多朋友调侃我"**见过凌晨三点的北京**"。

我并不是在鼓励大家像我这样安排时间。

但是，我已经不再年轻，如果不抓紧第二个八小时，恐怕在一万小时定律生效之前，我已经垂垂老矣。我担心我的下半生会跟上半生一样，无法留下任何有价值的东西。

三、态度决定一切

这个世界是不公平的，因为人人生来就不可能完全平等。

但这个世界又是公平的，因为人人都有权决定自己的态度。

同样是半杯水，有人认为它是半满的，也有人认为它是半空的。

不同的态度决定了不同的命运。

消极的人往往抱怨生活、远离人群、消磨时间、从不行动；**而积极的人知道，走向成功的道路是找到与自己匹配的方向，坚定地朝着目标迈进，通过一万小时定律（学习、合作、专注）取得不凡的成就。**

在我努力成长为实战型采购专家的一万小时锤炼进行到十分之一，即一千小时的时候，我很幸运地获得了与人民邮电出版社合作的机会，出版了我的第一本书《**我在 500 强企业做采购：资深采购经理手把手领你入行**》。没有料到，这本书上市之后，反响十分热烈。

紧接着，在出版社的邀请下，我将自己多年收集的采购谈判知识和案例加以总结，在成长为实战型采购专家的一万小时锤炼进行到十分之二，即两千小时的时候，出版了我的第二本书《采购谈判：高效赢得谈判的实战指南》。我希望这本能够继续获得采购同行们的青睐。

这正好验证了那句话——**越努力越幸运**。谁说不是呢？

接下来会有什么样的收获，我无法预测。

但我会往前看，我会用尽所有的力气，看看结果到底会是什么样的。

我经常想起美国斯坦福大学教育和心理学教授约翰·克朗伯兹说过的那句话：

"面对迷茫，最佳的策略就是把眼前能做的事情做到极致。这样，下一步的行动路线自然就会出现。"

读到这里，不知你是否跟我一样，心中有暖，眼里有光，很想赢一次呢？

如果你有想赢一次的冲动，那么恭喜你，你已经赢了过去的自己。

在这个世界上，唯一能阻止你成功的人，只有你自己。

如果你没有时间，请想一想"凌晨三点的北京"；

如果你缺乏技能和知识，请坚持学习和练习；

如果你没有毅力，请坚定信念并请他人监督自己。

生活中一切美好的事物都源于自我挑战。

成功不会从天而降，但成功并非高不可攀。

成功的方法其实很简单——如果你想要，那么就拼尽全力争取吧。

最后，我要特别感谢左冰女士（提供了宝贵的指导意见）、暴雪女士（主笔《信息的博弈》）、葛永军先生（主笔《依靠内部决策》）、杨娟女士（提供了部分素材）、程祺先生（提供了部分素材）、魏巍先生（提供了部分素材）、丛晓玲女士（提供了部分素材）、王俊红女士（友情试读）和肖欢欢女士（友情制作部分图片）！

特别感谢采购帮商学院"采购实战训练营"的众多学员和采购实战家微信读书群的书友们。没有你们的积极讨论和实战分享，就不会有这样一本专注于采购谈判的实战指南。

最后，我要感谢家人，你们是我进步的动力，我爱你们！

秉承"采购人需要什么，我就分享什么"的精神，在以后的日子里，我会继续践行一万小时定律，一如既往地收集和整理与采购相关的实战知识和案例，不断通过微信公众号"采购实战家专栏"把最有营养的内容分享给采购同行们。让我们在采购职业道路上并肩携手、戮力同行！

如需培训或咨询服务，请您在我的公众号留言，我会及时与您取得联系。

我们下一本书再见。

姜珏

2020 年 11 月 15 日于北京